趙爾巽等撰

清史稿

第四七册

卷五一二至卷五二二（傳）

中華書局

清史稿卷五百十二

列傳二百九十九

土司一

湖廣

西南諸省，水複山重，草木蒙昧，雲霧晦冥，人生其間，叢叢蟲蟲，言語飲食，迥殊華風，曰苗、曰蠻，史册屢紀，顧略有區別。無君長不相統屬之謂苗，各長其部割據一方之謂蠻。若粵之僮、之黎，黔、楚之猺，四川之倮玀、之生番，雲南之野人，皆苗之類。若漢書：「南夷君長以十數，夜郎最大。其西，靡莫之屬以十數，滇最大。自滇以北，君長以十數，邛都最大。」在宋爲羈縻州。在元爲宣慰、宣撫、招討、安撫、長官等土司。湖廣之田、彭，四川之謝、向、冉，廣西之岑、韋，貴州之安、楊，雲南之刀、思，遠者自漢、唐，近亦自宋、元，各君其君，各子其子，根柢深固，族姻互結。假我爵祿，寵之名號，乃易爲統攝，故奔走惟命，皆蠻之類。

明代播州、藺州、水西、麓川，皆勤大軍數十萬，殫天下力而後剷平之。故雲、貴、川、廣恆視土司爲治亂。

清初因明制，屬平西、定南諸藩鎭撫之。康熙三年，吳三桂督雲、貴兵兩路討水西宣慰安坤之叛，平其地，設黔西、平遠、大定、威寧四府。三藩之亂，重啗土司兵爲助。及叛藩戡定，餘威震於殊俗。

至雍正初，而有改土歸流之議。四年春，以鄂爾泰巡撫雲南兼總督事，奏言：「雲貴大患，無如苗蠻。欲安民必先制夷，欲制夷必改土歸流。而苗疆多與鄰省犬牙相錯，又必歸併事權，始可一勞永逸。即如東川、烏蒙、鎭雄，皆四川土府。東川與滇一嶺之隔，至滇省城四百餘里，而距四川成都千有八百里。去冬，烏蒙土府攻掠東川，滇兵擊退，而川省令箭方至。烏蒙至滇省城亦僅六百餘里。自康熙五十三年土官祿鼎乾不法，欽差、督、撫會審畢節，以流官交質始出，益無忌憚。其錢糧不過三百餘兩，而取於下者百倍。一年四小派，三年一大派。小派計錢，大派計兩。土司一取子婦，則土民三載不敢婚。土民有罪被殺，其親族尙出墊刀數十金，終身無見天日之期。東川已改流三十載，仍爲土目盤踞，文武長寓省城，膏腴四百里，無人敢墾。若東川、烏蒙、鎭雄改隸雲南，俾臣得相機改流，可設三府一鎭，永靖邊氛。此事連四川者也。廣西土府州縣峒寨等司五十餘員，分隸南寧、太平、思恩、慶遠四府，多狄青征儂智高、王守仁征田州時所留設。其邊患，除泗城土府外，餘皆土目，橫於土司。且黔、粤向以牂牁江爲界，而粤之西隆州與黔之普安州逾江互相斗入，苗寨寥闊，文武動輒推諉。應以江北歸黔，江南歸粤，增州設營，形格勢禁。此事連廣西者也。滇邊西南界以瀾滄江，江外爲車里、緬甸、老撾諸土司。其江內之滇沅、威遠、元江、新平、普洱、茶山諸夷，巢穴深邃，出沒魯魁、哀牢間，無事近患腹心，有事遠通外國，自元迨明，代爲邊害。論者謂江外宜土不宜流，江內宜流不宜土。此雲南宜治之邊夷也。貴州土司向無鉗束羣苗之責，苗患甚於土司。而苗疆四周幾三千餘里，千有三百餘寨，古州踞其中，羣砦環其外。左有清江可北達楚，右有都江可南通粤，皆爲頑苗蟠據，梗隔三省，遂成化外。如欲開江路以通黔、粤，非勤兵深入，徧加勦撫不可。此貴州宜治之邊夷也。臣思前明流土之分，原因煙瘴新疆，未習風土，故因地制宜，使之鄉導彈壓。今歷數百載，相沿以夷治夷，遂至以盜治盜，苗、倮無追贓抵命之憂，土司無革職削地之罰，直至事大上聞，行賄詳結，上司亦不深求，以爲鎭靜邊民無所控訴；若不劃蔓塞源，縱兵刑財賦事事整飭，皆治標而非治本。其改流之法，計擒爲上，兵勦次之。令其自首爲上，勒獻次之。惟制夷必先練兵，練兵必先選將。誠能賞罰嚴明，將士用命，先治內，後攘外，必能所向奏效，實雲貴邊防百世之利。」世宗知鄂爾泰才，必能辦寇，卽詔以東川、烏蒙、鎭雄三土府改隸雲南。六年，復鑄三省總督印，令鄂爾泰兼制廣西。

於是自四年至九年，蠻悉改流，苗亦歸化，間有叛逆，旋卽平定。其間如雍正朝古州苗疆之盪平，乾隆朝四川大小金川之誅鋤，光緒朝西藏瞻對之征伐，皆事之鉅者，分見於篇。

其土官銜號，曰宣慰司，曰宣撫司，曰招討司，曰安撫司，曰長官司。以勞績之多寡，分尊卑之等差，而府、州、縣之名亦往往有之。

今土司之未改流者，四川宣撫使二：曰卬部，曰沙馬。宣慰司五：曰木坪，曰明正，曰巴底，曰巴旺，曰德爾格忒。安撫使二十有一：曰長寧，曰沃日，曰瓦寺，曰梭磨，曰瓜別，曰木裏，曰革布什札，曰巴底，曰綽斯甲布，曰喇袞，曰瓦述餘科，曰霍耳竹窩，曰霍耳章谷，曰霍耳孔撒，曰霍耳咱，曰林蔥，曰霍耳甘孜麻書，曰霍耳東科，曰春科，曰下瞻對，曰上納奪。長官司二十有九：曰靜州，曰隴木，曰岳希，曰松岡，曰卓克基，曰威龍州，曰陽地隘口，曰黨壩，曰河東，曰阿都正，曰普濟州，曰昌州，曰沈邊，曰冷邊，曰瓦述嘓隴，曰瓦述毛丫，曰瓦述曲登，曰瓦述色他，曰瓦述更平，曰霍耳納林沖，曰霍耳白利，曰春科高日，曰上瞻對，曰蒙葛結，曰泥溪，曰平夷，曰蠻夷，曰沐川，曰九姓。

雲南宣慰使一：曰車里。宣撫使五：曰耿馬，曰隴川，曰干厓，曰南甸，曰孟連。副宣撫使二：曰遮放，曰盞達。安撫使三：曰路江，曰芒市，曰猛卯。副長官司三：曰納樓，曰虧容甸，曰十二關。土府四：曰蒙化，曰景東，曰孟定，曰永寧。土州四：曰富州，曰灣甸，曰鎮康，曰北勝。

貴州長官司六十有二：曰中曹，曰白納，曰養龍，曰虎墜，曰程番，曰上馬，曰小程，曰盧番，曰方番，曰違番，曰羅番，曰臥龍，曰小龍，曰大龍，曰金石，曰大平，曰小平，曰大谷龍，曰小谷龍，曰木瓜，曰麻嚮，曰新添，曰平伐，曰羊場，曰慕役，曰頂營，曰沙營，曰楊義，曰都勻，曰邦水，曰思南，曰豐寧上，曰豐寧下，曰爛土，曰平定，曰樂平，曰卭水，曰偏橋，曰蠻夷，曰沿河，曰郎溪，曰都坪，曰黃道，曰都素，曰施溪，曰潭溪，曰新化，曰歐陽，曰亮寨，曰湖耳，曰中林，曰八舟，曰龍里，曰古州，曰洪州，曰省溪，曰提溪，曰烏羅，曰平頭，曰垂西，曰抵寨，曰巖門。副長官司三：曰西堡，曰康莊，曰石門。

廣西土州二十有六：曰忠州，曰歸德，曰果化，曰下雷，曰下石西，曰思陵，曰憑祥，曰江州，曰思州，曰萬承，曰太平，曰安平，曰龍英，曰都結，曰結安，曰上下凍，曰佶倫，曰茗州，曰茗盈，曰鎮遠，曰那地，曰南舟，曰田州，曰向武，曰都康，曰上映。土縣四：曰羅陽，曰上林，曰羅白，曰忻城。長官司三：曰遷隆峒，曰永定，曰永順。

凡宣慰、宣撫、安撫、長官等司之承襲隸兵部，土府、土州之承襲隸吏部。凡土司貢賦，或比年一貢，或三年一貢，各因其土產，穀米、牛馬、皮、布，皆折以銀，而會計於戶部。

雍正七年，川陝總督岳鍾琪奏四川巴塘、裏塘等處請授宣撫司三員、安撫司九員、長官司十二員，給與印結號紙，副土官四員、千戶三員、百戶二十四員，給以職銜，以分職守。內巴塘、裏塘正副土官原無世代頭目承襲，請照流官例。如有事故，開缺題補，與他土司不同。

湖廣之西南隅，戰國時巫郡、黔中地。湖北之施南、容美，湖南之永順、保靖、桑植，境地毘連，介於岳、辰、常德、宜昌之間，與川東巴、夔相接壤，南通黔，西通蜀。元時所置宣慰、安撫、長官司之屬，明時因之。向推永、保諸宣慰，世席富强，兵亦果敢，每遇征伐，荷戈前驅，國家倚之爲重。清有天下，僅施南、散毛、容美三宣撫使，永順、保靖兩宣慰使而已。雍正年間，施南、容美、永順、保靖先後納土，特設施南一府，隸北布政使，永順一府，隸南布政使。兩府既設，合境無土司名目。後有苗寇，分見各傳，不入此篇。

施南：古巴地。秦、漢南郡蠻。唐施州。元置施南宣撫司、忠孝安撫司。明玉珍時，復置忠路宣撫司。明宣德三年，復置劍南長官司，立施州衞，領所一、宣撫司四、安撫司九、長官司十三、蠻夷官司五。清康熙三年，施州始歸順。四年，改沙溪宣慰司爲宣撫司，改劍南長官司爲建南長官司，而施南宣撫司、忠孝安撫司、忠路安撫司如故。雍正六年，從湖廣總督邁柱之請，裁施州衞，設恩施縣，改歸州直隸州，原管之十五土司幷隸恩施縣。十二年，忠孝安撫司田璋納土，其地入於恩施縣。十三年，施南宣撫司覃禹鼎以罪改流，於是忠峒土司田光祖等幷請歸流，乃以十五土司幷原設恩施縣，特設施南府，領六縣。容美改鶴峯州，別隸宜昌府，領於巡荆道。

明制，施州衞，轄三里、五所、三十一土司，市郭里、都亭里、崇寧里，附郭左、右、中三所，大田軍民千戶所，支羅鎭守百戶所。

大田所，元爲散毛峒。明洪武五年定其地，二十三年屬千戶所，仍名散毛。尋改爲大田軍民千戶所，領百戶所一、土官百戶所十、剌惹等三峒。

支羅所，舊隸龍潭司。明嘉靖四十四年，因峒長黄中叛，討平之，遂割半置所立屯，以百戶二員世鎭之，而今峒司屬焉。

施南宣撫司，元施南道宣慰使。明洪武四年，覃大富入朝，七年，升宣撫司。清因之。雍正時，覃禹鼎襲。禹鼎，容美土司田明如婿也，有罪輒匿容美。當事以明如之先從征紅苗有功，置勿問。十三年，明如被逮，自經死。禹鼎以淫惡抗提，擬罪改流，以其地置利川縣。

東鄉安撫司，明玉珍置東鄉五路宣撫司。明洪武六年改安撫司，命覃起喇爲之。清初歸附。雍正十年，覃壽椿以長子得罪正法，改流，以其地入恩施縣。

忠建宣撫司，明洪武四年，以田恩俊爲之。六年，改宣撫司。清初歸附。雍正十一年，田興爵以橫暴不法擬流，以其地爲恩施縣。

金峒安撫司，明洪武四年，以覃耳毛爲之。清初歸附。康熙四十三年，覃世英襲。子邦舜，呈請改流，以其地爲咸豐縣。

忠峒安撫司，元置湖南鎭邊宣慰司。明洪武四年，命田璽玉爲宣撫司。永樂四年，改安撫司。清初田楚珍歸附，調征播州有功，仍准襲職。雍正十二年，田光祖糾十五土司呈請納土歸流，以其地入宣恩縣。

散毛宣撫司，元爲散毛府。至正六年，改宣撫司。明洪武四年，命覃野旺爲宣撫司，割其半爲大田所。清初覃勷麟歸附，仍准襲職。雍正十三年，覃烜納土，以其地入來鳳縣。

忠路安撫司，明洪武四年，命覃英爲安撫司。清康熙元年，覃承國歸附，以征譚逆功襲前職。雍正十三年，覃楚梓納土，以其地改利川縣。

忠孝安撫司，元至正十一年，改軍民府。明洪武四年，以田墨施爲安撫司。清因之。康熙八年，田京襲，累授總兵。十九年，告休。雍正十三年，田璋納土，以其地爲恩施縣。

高羅安撫司，元高羅寨長官司。明洪武六年，改安撫司，以田大名爲之。清順治初，田飛龍歸附，仍准世襲。雍正十三年，田昭納土，以其地入宣恩縣。

木册長官司，元置安撫司。明永樂六年，改長官司，以田谷佐爲長官司。清初，田經國歸附，仍與世襲。雍正十三年，田應鼎納土，以其地入宣恩縣。

大旺安撫司，元至正置。明洪武四年，以田驢蹄爲安撫司。清康熙初，田永封歸附，仍准襲職。雍正十三年，田正元納土，以其地入來鳳縣。

臨壁長官司，原附大旺。清康熙元年，頒給田琦印信，仍與世襲。雍正十三年，田封疆納土，以其地入來鳳縣。東流安撫司，原附大旺。

唐崖長官司，元置千戶所。明洪武七年，改長官司。清初覃宗禹歸附，仍與世襲。雍正十三年，覃梓桂納土，以其地入咸豐縣。

龍潭安撫司，明洪武四年，以田應虎爲安撫司。清初歸附，仍准世襲。雍正十三年，田貴龍納土，以其地入咸豐縣。

沙溪安撫司，明置。清初歸附。康熙四年，黃天奇襲安撫司。天奇子楚昌。初，楚昌入施州衞學爲諸生。時諸司爭併，民鮮知禮，楚昌折節力學，有時名。及襲職，設官學，公餘與多士講肄，多所成就。楚昌死，子正爵襲。雍正十三年，改流，其地入於利川縣。

卯峒長官司，清雍正十三年，長官司向舜納土，以其地入來鳳縣。

漫水宣撫司，清初，宣撫司向國泰歸附，仍准世襲。雍正十三年，向庭官納土，其地入於來鳳縣。

西萍長官司，雍正十三年裁，其地入於咸豐縣。

建南長官司，明宣德五年置。清雍正十三年裁，其地入於利川縣。

容美土司，唐元和元年，田行皋從高崇文討平劉闢，授施溱溶萬招討把截使，仍知四州事。宋有田思政。元有田乾亨。明洪武三年，田光寶以元所授誥敕詣行在請換，乃命光寶仍爲宣慰使。傳至田旣霖，清順治間歸附，仍授宣慰使。子甘霖襲。甘霖字特雲，著合浦集。甘霖子舜年，字九峯，受吳逆僞承恩伯敕，後繳。奉檄從征有勞績，頗招名流習文史，刻有廿一史纂。日自課，某日讀某經、閱某史至某處，刻於書之空處，用小印志之。有白鹿堂集、容陽世述錄。子明如襲職。以放肆爲趙申喬劾奏，奉旨原宥。雍正十一年，再爲邁柱嚴參，明如移駐平山寨礙抗拒，爲石梁長官司張彤柱催迫，明如自盡。改土歸流，改司爲鶴峯州，隸宜昌府。

永順：漢武陵，隋辰州，唐溪州地。宋時爲永順州。元時，彭萬潛自改爲永順等處軍民安撫司。明洪武五年，改宣慰使。清順治四年，恭順王孔有德至辰州，宣慰使彭宏澎率三知州、六長官、三百八十峒苗蠻歸附。十四年，頒給宣慰使印，並設流官經歷一員。康熙十年，吳三桂叛踞辰龍關，授永順宣慰使彭廷椿僞印，廷椿繳之。奉旨賞其子宏海總兵銜，令率土兵協剿，有功，授宣慰司印。雍正六年，宣慰使彭肇槐納土，請歸江西祖籍，有旨嘉奬，授參將，並世襲拖沙喇哈番之職，賜銀一萬兩，聽其在江西祖籍立產安插，改永順司爲府，附郭爲永順縣，分永順白崖峒地爲龍山縣。

南渭州土知州，屬永順司。元至元中，置安撫司。明洪武二年，以彭萬金爲土知州。傳至彭應麟，清順治四年，歸附。雍正五年，彭宗國納土，以其地入永順縣。

施溶州土知州，在永順司東南。元會溪、施溶等處長官司。明洪武二年，改州，以田建霸爲土知州。傳至田茂年，清順治四年，歸附。雍正五年，田永豐納土。

上溪州土知州，屬永順司。明洪武二年，以張義保爲土知州。傳至張漢卿，清順治四年，歸附。雍正五年，張漢儒納土。

臘惹峒長官司，元屬思州，以向孛爍爲總管。明洪武五年，改屬永順司，以田世貴爲長官司。傳至田仕朝，清順治四年，歸附。雍正五年，田中和納土。

麥著黃峒長官司，元曰麥著土邨，屬思州。明洪武五年，改屬永順司，以黃谷踵爲長官司。傳至黃甲，清順治四年，歸附。雍正五年，黃正乾納土。

驢遲峒長官司，元屬思州。明洪武五年，改屬永順司，以向迪踵爲長官司。傳至向光胄，清順治四年，歸附。雍正五年，向錫爵納土。

施溶溪長官司，元屬思州。明初，改屬永順司，以汪良爲長官司。傳至汪世忠，清順治四年，歸附。雍正五年，汪文珂納土。

白巖峒長官司，元屬葛蠻安撫司。明初，改屬永順司，以張那律爲長官司。傳至張四教，清順治四年，歸附。雍正五年，張宗略納土。

田家峒長官司，明洪武三年，以田勝祖爲長官司。傳至田興祿，清順治四年，歸附。雍正五年，田藎臣納土。

保靖宣慰司，亦唐溪州地。宋曰保靜州。元爲保靖州安撫司。明仍爲安撫使。清順治四年，明宣慰司彭象乾之子彭朝柱歸附。象乾曾孫澤虹病廢，其妻彭氏用事。漢奸高倫、張爲任二人結連其舍把長官彭澤蛟、彭祖裕等，相與樹黨，以劫殺爲事。雍正元年，澤虹死，子御彬幼，澤蛟欲奪其職，爲御彬所遏。迨御彬襲職，肆爲淫凶，澤蛟與其弟澤虯合謀，互相劫殺。二年，御彬以追緝澤蛟爲名，潛結容美土司田旻如、桑植土司向國棟，率土兵搶虜保靖民財。七年，御彬安置遼陽，以其地爲保靖縣。

大喇司，在龍山縣，屬保靖司。明正德十五年，以土舍彭惠協理巡檢事。傳至彭御佶，雍正十三年，納土。

桑植宣慰司，本慈利縣地。元有上桑植、下桑植宣慰司。明置安撫司。清順治四年，宣慰司向鼎歸附，授原職。鼎子長庚調鎮古州八萬。長庚子向國棟殘虐，與容美、永順、茅岡各土司相仇殺，民不堪命。雍正四年，土經歷唐宗聖與國棟弟國柄等相率赴愬，總督傅敏入奏，乃繳追印篆，國棟安置河南，以其地爲桑植縣。

上下峒長官司，明置宣撫司，復改爲長官司，而分其地爲二。清康熙二年，向九鸞、向日葵歸附。二十一年，給九鸞上峒長官司印，日葵下峒長官司印。雍正十三年，上峒司向玉衡、下峒司向良佐納土，以其地屬桑植縣。

茅岡長官司，明改天平千戶所。清順治四年，石門天平所千戶覃祚昌、茅岡長官覃蔭祚等相繼歸附，給與印信。雍正十二年，茅岡土司覃純一納土，石門天平所、慈利麻寮所相繼請設流官，分其地屬石門、慈利、安福三縣。

清史稿卷五百十三

列傳三百

土司二

四川

四川邊境寥廓，歷代多設土司以相控制。明末，張獻忠屠蜀，石砫、酉陽、松潘、建昌等土司距險禦賊，其地獨全。清初，戡定川境，各土司次第効順。川之南有金川者，本明金川寺演化禪師哈伊拉木之後，分爲大小金川。順治七年，小金川卜兒吉細歸誠，授原職。吳三桂亂後，康熙五年，其酋嘉納巴復來歸，給演化禪師印。其庶孫莎羅奔，以土舍將兵從將軍岳鍾琪征西藏羊峒番，雍正元年，奏授安撫司，居大金川；而舊土司澤旺居小金川，莎羅奔以女阿扣妻澤旺。澤旺懦，爲妻所制。乾隆十一年，莎羅奔劫澤旺去，奪其印。十二年，又攻革布什札及明正兩土司。

朝廷調張廣泗總督四川，進駐澤旺所居美諾官寨，而以其弟良爾吉從征。時莎羅奔居勒烏圍，其兄子郎卡居噶爾厓，地在大金川河東，而河西亦有地數百里。廣泗調兵三萬，一路出川西攻河東，一路出川南攻河西。而河東一路又分爲四，以兩路攻勒烏圍，以兩路攻噶爾厓，河西亦分兩路，攻庚特額諸山，刻期蕆事。阻險不前，上命大學士公訥親往視師，起岳鍾琪於廢籍。鍾琪與廣泗議定，自任由黨壩取勒烏圍，而廣泗由昔嶺取噶爾厓。會訥親至，下令限三日克噶爾厓，總兵任舉、參將買國良戰死。廣泗輕訥親不知兵，而惡其凌己，故飾推讓，實以困之，軍中解體。良爾吉夙與阿扣通，莎羅奔因使成配，倚作間諜，官軍動息輒爲所備。師久無功，上怒甚，會訥親劾廣泗，於是逮廣泗入京，而命大學士傅恆爲經略，代訥親。冬，殺廣泗，賜訥親死。十二月，傅恆至軍，斬良爾吉、王秋、阿扣以斷內應。

十四年春正月，奏言：「金川之事，臣到軍以來，始知本末。當紀山進討之始，惟馬良柱轉戰直前，踰沃日，收小金川，直抵丹噶，其鋒甚銳。其時張廣泗若速濟師策應，乘賊守備未周，殄滅尙易；乃坐失機會，宋宗璋逗留於雜谷，許應虎失機於的郊，致賊得盡據險要，增碉備禦，七路、十路之兵無一路得進。及訥親至軍，嚴切催戰，任舉敗歿，銳挫氣索，晏起偷安，一以軍務委張廣泗。廣泗又聽奸人所愚，惟恃以卡逼卡、以碉逼碉之法，槍礮惟及堅壁，於賊無傷，而賊不過數人，從暗擊明，槍不虛發，是我惟攻石，而賊實攻人。且於碉外開壕，兵不能越，而賊得伏其中自下擊上。又戰碉銳立，高於中土之塔，建造甚巧，數日可成，隨缺隨補，頃刻立就。且人心堅固，至死不移，碉盡碎而不去，礮方過而人起，主客勞佚，形勢迥殊，攻一碉難於克一城。卽臣所駐卡撒山頂，已有三百餘碉，計半月旬日得一碉，非數年不能盡。且得一碉輒傷數十百人，較唐人之攻石峰堡，尤爲得不償失。惟有使賊失其所恃，而我兵乃得展其所長。臣擬竢大兵齊集，別選銳師，旁探間道，裹糧直入，踰碉勿攻，繞出其後，卽以圍碉之兵作爲護餉之兵。番衆無多，外備既密，內守必虛。我兵卽從捷徑擣入，則守碉之番各懷內顧，人無固志，均可不攻自潰。至於奮勇固仗滿兵，而嚮導必用土兵，土兵中小金川尤驍勇。今良爾吉之奸諜已誅，澤旺與賊讎甚切，驅策用之，自可得力。至沃日、瓦寺兵强而少，雜穀、綽斯甲等兵衆而懦。明正、木坪忠順有餘，强悍不足。革什乍兵銳，可當一路。是各土司環攻分地之說雖不可恃，而未嘗不可資其兵力。臣決計深入，不與爭碉，惟竢四面布置，出其不意，直擣巢穴，取其渠魁，定於四月間報捷。」上屢奉皇太后息武寧邊之諭，命傅恆班師。時傅恆及鍾琪兩路連克碉卡，軍聲大振，莎羅奔乞降於鍾琪，鍾琪輕騎徑赴其巢，賊大感動，頂佛經立誓聽約束。次日，鍾琪率莎羅奔父子坐皮船出洞詣大軍，莎羅奔等叩顙，誓遵六事，歸各土司侵地，獻凶酋，納軍械，歸兵民，供徭役。乃宣詔赦其死。諸番焚香作樂，獻金佛謝。二月，捷聞，詔賞傅恆、鍾琪等。

既而莎羅奔兄子郎卡主土司事，漸桀驁。二十三年，逐澤旺及革布什札土司。三十一年，詔四川總督阿爾泰檄九土司環攻之。九土司者，巴旺、丹壩、沃日、瓦寺、綽斯甲布、明正、木坪、革布什乍及小金川也。巴旺、丹壩皆彈丸，非金川敵。明正、瓦寺形勢阻隔，其力足制金川。而地相逼者，莫如綽斯甲布與小金川。阿爾泰不知離其黨與，反聽兩金川釋仇締約，自是狼狽爲奸，諸小土司咸不敢抗。時澤旺老病不問事，郎卡亦旋死，其子索諾木與僧格桑侵鄂克什土司地。

三十六年，索諾木誘殺革布什札土官，而僧格桑再攻鄂克什及明正土司，與官軍戰。上以前此出師，本以救小金川。今小金川反悖逆，罪不赦。賜阿爾泰死，命大學士溫福自雲南赴四川，以尙書桂林爲四川總督，共討賊。溫福由汶川出西路，桂林由打箭鑪出南路。僧格桑求援於索諾木，索諾木潛兵助之。三十七年春，桂林克復革布什札土司故地，溫福克資里及阿喀。朝廷以阿桂爲參贊大臣，代桂林赴南路。十一月，阿桂以皮船宵濟，連奪險隘，直搗賊巢。十二月，軍抵美諾，進至底木達，俘澤旺，檄索諾木縛獻僧格桑，不應。

上命溫福爲定邊將軍，阿桂、豐伸額爲副將軍。溫福、阿桂奏六路進兵之策。溫福由功噶入，阿桂由當噶入，豐伸額由綽斯甲布入。三十八年春，溫福以賊扼險不得進，別取道攻昔嶺，駐營木果木，令提督董天弼分屯底木達，守小金川之地。溫福爲人剛愎，不廣諮方略，惟襲廣泗故智，以碉卡逼碉卡，建築千計。初索諾木欲併小金川地，故留僧格桑挾以號召。六月，陰遣小金川頭目等由美諾溝出煽故降番使復叛。諸番見大軍久頓，蠭起應之，攻陷天弼營，遂劫糧臺，潛兵襲木果木，奪礮局，斷汲道，賊四面蹂入大營，溫福死之，將士隨員死者數十人，各卡兵望風潰。海蘭察聞警赴援，殿衆由間道退出，收集潰卒，尚萬數千人，其戰歿者三千餘，小金川地復陷。惟阿桂一軍屹然不動，乃整隊出屯翁古爾壟。

上在熱河聞報，召大學士劉統勳詣行在咨之。統勳前言金川不必勞師，至是亦主用兵。乃授阿桂定西將軍，豐伸額、明亮爲副將軍。十月，阿桂改赴西路，明亮赴南路。豐伸額仍由綽斯甲布進取宜喜，阿桂入自鄂克什，轉戰五晝夜，直抵美諾，克之；明亮入自瑪爾里，所向皆捷，遂盡復小金川地。

惟大金川自十二三年以來，全力抗守，增壘設險，嚴密十倍小金川。七月，令諸軍分攻各碉寨，數十道並進。海蘭察率死士六百削壁猱引而上，趾頂相接，比明及其碉，一湧入，盡殲守賊。數十里賊寨聞之皆奪氣，悉破之，乘勝臨遜克宗壘。索諾木酖殺僧格桑而獻其尸，及其妻妾頭目，至軍乞赦己罪。阿桂檻送京師。四十年四月，阿桂先使福康安、海蘭察赴河西助明亮攻宜喜，遂分兵六路，盡滅河西二十里內之賊。五月，阿桂河東之軍破朗噶寨，距勒烏圍僅數里，環營進逼其巢。七月，抵勒烏圍。八月十五夜，進搗賊巢，四面礮轟官寨，破之。黎明，克轉經樓，逸賊皆溺水死。莎羅奔兄弟及各頭目已先期遁往噶爾崖。十一月，官軍攻克科布曲山。十二月，遂據瑪爾古山，噶爾崖卽在其下。索諾木之母姑姊妹亦降。官軍三路合圍噶爾崖，斷其水道。索諾木使其兄詣營乞哀，不允。圍攻益急，索諾木從莎羅奔及其妻子挈番衆二千餘出寨，奉印獻軍門降，金川平。四十一年正月，獻俘廟社，封賞阿桂等，勒碑太學，並及兩金川。旋於大金川設阿爾古廳，小金川設美諾廳。四十四年，併阿爾古入美諾，改爲懋功廳。

同治二年，粵匪石達開竄寧遠，假道卭部土司。土司先受官軍約束，引賊至紫打地，四面阻絕，達開糧罄路窮，射書千戶王應元買路，復使人說土司嶺承恩求緩兵，皆不應，日殺馬煮桑葉爲食。四月，承恩、應元等偵賊力竭，率夷衆蹙攻，擒達開並賊官五人付官軍，檻送成都，四川總督駱秉章誅之。奏加承恩、應元二品銜，賊軍錙重悉爲兩土司所得。

初，瞻對土司恃强不法，雍正八年，四川提督黃廷桂剿降之。乾隆十年，四川提督李質粹等率兵五千，取道東俄落，至裏塘進兵，連破番寨，獲賊首噶籠丹坪。十一年，質粹會欽差大臣班第，統兵進克泥日寨，燒斃番酋姜錯太，撫定丫魯、下密等處番夷。嘉慶十九年，中瞻對土司洛布七力劫掠鄰番，抗捕傷兵。二十年，四川總督常明、提督多隆武領兵剿之，恃險死拒。重慶鎭總兵羅思舉力戰破其巢，洛布七力焚死，分其地入上下瞻對。

洎咸豐中，土司工布朗結爲人沉鷙，兼幷上下瞻對之地，欲擁康部全境以抗川拒藏，鄰近各土司割地求免，貢賦唯命。至是藏人怒，求四川出兵，秉章派道員史致康率師會藏進討。致康怯，頓打箭鑪久，藏番需茶急，馳兵克之，殺工布朗結父子，致康始逡巡至。藏人索兵費銀十六萬兩，秉章未允，藏人因據其地，設官兵駐守。

光緒初，丁寶楨爲四川總督，以瞻對藏官虐民，往往激變，每歲派員帶兵出關彈壓。劉秉璋繼之，稍寬縱，藏官益驕橫。各土司多被威脅，唯明正土司地大，不之服，頻年爭鬭。十五年，瞻對內訌，逐藏官，乞內附，秉璋不許，唯治番官及亂民數人罪，由藏易官，且添駐堪布一人，兵八百名助守。二十年，朱窩、章谷土司爭襲滋事，瞻對番官率兵越境干預，開槍傷我官兵。四川總督鹿傳霖奏瞻對爲蜀門戶，宜設法收回內屬，派提督周萬順、知縣張繼率兵出關，擊敗番兵，不三月，克瞻對並德爾格忒即疉蓋。舊名保蓋。全境，擒德格土司夫婦，解至成都，議幷改設流官。成都將軍恭壽憤傳霖不先會商，結駐藏大臣文海，密奏劾傳霖，翻原案，復德格土司職，仍以瞻對屬藏。

三十一年春，駐藏大臣鳳全被戕於巴塘，四川總督錫良奏請以四川提督馬維騏、建昌道趙爾豐進討。維騏率師先發。先是泰凝寺產沙金，錫良准商人採辦，幷派兵彈壓。寺中喇嘛反抗，殺都司盧鳴颺，瞻對潛助其亂，維騏出關討平之。六月，攻克巴塘，擒正土司羅進寶、副土司郭宗隆保，誅之，移其妻子於成都安置。八月，爾豐至，殺堪布喇嘛及首惡數人祭鳳全。維騏班師回，爾豐接辦善後，派兵剿倡亂之七村溝，並搜捕餘匪，因移師討鄉城。次年閏四月，克之，並攻克稻壩、貢噶嶺，一律肅清。於是爾豐建籌邊議，錫良以聞。朝廷特設督辦川滇邊務大臣，授爾豐。邊地在川、滇、甘、藏、青海間，縱橫各四五千里，土司居十之五，餘地歸呼圖克圖者十之一，清代賞藏者十之一，流爲野番者十之三。爾豐改巴塘、裏塘地設治，以所部防軍五營分駐之。回川會商，錫良派道員趙淵出關坐鎮。

三十三年，爾豐護理四川總督，奏准部撥開邊費銀一百萬兩。三十四年，授爾豐駐藏辦事大臣，仍兼邊務大臣，募西軍三營，率之出關。時德格土司爭襲，搆亂久，爾豐奏請往辦，經泰凝、道塢、章谷、倬倭、麻書、孔撒、白利、絨壩、擦玉龍、濯拉、擴洛垜以至更慶。十二月，攻逆酋昂翁降白仁青等於贈科，匪竄雜渠卡。宣統元年四月，攻雜渠卡。五月，戰於麻木。六月，追匪十日程至卡納，一戰肅清，改流其地，並改春科、高日兩土司地及靈蔥土司之郎吉嶺村歸流。十月，四川兵入藏，藏番扼察木多以西地阻之，劫糧擄官。爾豐率邊軍渡金沙江，踰雪山，抵察木多，送川兵行，於是三十九族、波密、八宿均請附邊轄。三十九族者：曰夥爾，曰圖嘛魯，曰吉寧塔克，曰尼牙木查，曰松嘛巴，曰勒達克，曰多嘛巴，曰達爾羊巴，曰他瑪，曰夥兒，曰拉塞，他瑪、夥兒、拉塞三族共一土司。曰夥耳，曰瓊布噶，曰瓊布色爾查，曰瓊布納克魯，曰扎瑪爾，曰上阿扎，曰下阿扎，曰上奪爾樹，曰下奪爾樹，曰上剛噶爾，曰下剛噶爾，曰他瑪爾，曰提瑪爾，曰枳多，曰哇拉，枳多、哇拉二族共一土司。曰麻弄，曰布川目桑，曰書達格魯克，曰奔岔，曰策令畢魯，曰色爾查，曰納布貢巴，曰結拉克汁，曰拉巴，曰三渣，曰樸樸，皆自爲部落。設土總百戶或土百戶、土百長等以治之，歸駐藏大臣管轄。爾豐以其族素恭順，悉加慰遣；因派兵剿類伍齊、碩搬多、洛隆宗、邊壩等阻路之番人，又分兵取江卡、貢覺、桑昂、雜瑜，咸收服之。

二年，邊軍直抵江達，爾豐奏請以江達爲邊藏分界。五月，邊軍返察木多。六月，爾豐率兵略乍丫地。八月，巡阿足返，設乍丫委員。聞定鄉兵變，派統領鳳山追剿。九月，三巖野番投書索戰，爾豐率兵赴貢覺。十月，派傅嵩炑攻三巖，一旬而克。十一月，設三巖委員。十二月，設貢覺委員。爾豐旋返巴塘。三年二月，爾豐以巴塘所屬之得榮浪藏寺數年不服，派兵攻克之，設得榮委員，並收服冷卡石。三月，爾豐調任四川總督，四川布政使王人文繼之爲邊務大臣。爾豐奏請人文未到任前，以嵩炑代理。四月，同發巴塘，至孔撒、麻書，設甘孜委員，檄靈葱、白利、倬倭、東科、單東、魚科、明正、魚通各土司繳印，改土歸流。色達及上羅科野番來歸。適駐藏大臣聯豫電請邊軍攻波密，因奏派副都統鳳山率兵二千往應。六月，爾豐至瞻對，藏官逃，收其地，設瞻對委員。旋經道塢、打箭鑪，檄魚通、卓斯各土司繳印改流。爾豐入川，沿途收咱里、冷邊、沈邊三土司印，嵩焘復出關改流泰凝，而魚科土司結下羅科抗命。嵩焘令上羅科扼其險，擊平之，斃魚科土司，於是嵩焘奏請設西康省，而沃日、崇喜、納奪、革伯咱、巴底、巴旺、靈葱、上納奪各土司，暨乍丫、察木多兩呼圖克圖，相繼繳印。惟毛丫、曲登乞緩，許之。

涼山夷倮儸者，居寧遠、越巂、峨邊、雷波、馬邊間，淺山部落頭目屬於土司。深入則涼山，數百里皆夷地。生夷黑骨頭爲貴種，白骨頭者曰熟夷，執賤役。夷族分數百支，不相統屬。叛則出掠，擄漢民作奴，遇兵散匿。清興，雍正五年、七年，嘉慶十三年、十六年，迭經川吏剿撫，加以部勒。

同治末，越巂夷叛，成都將軍崇實兼攝四川總督，奏調貴州提督周達武率軍由陝回剿，前鋒羅應旒出清溪，撫大樹堡、左右王嶺各土司，進駐保安，攻降洽馬里、阿波落、跑馬坪、燕麥廠，遂克普雄石城，夷地四百里間咸受約束。官軍至靖遠，剮茲、林加、布約、尼錢、交脚等支亦降，更設靖遠新老兩營土千百户，出漢奴數萬。迨爾豐經營關外，朝廷以其兄爾巽督川，爾巽欲悉平涼山夷以利邊務，光緒三十四年八月，派建昌鎮總兵鳳山、建昌道馬汝驥等，率兵暨民團剿寧遠吉狄、馬加、拉斯等支倮夷。進至裹足山梁，旋值國喪，罷兵。

宣統元年正月，令建昌鎮總兵田鎮邦、寧遠府知府陳廷緒再舉，征服淺山白母子、嗎喹、拉施、三合等支，並收撫呼咱雜租、五支、別牛、租租等支，於是加拉及吉狄、馬加等支先後降官軍進駐交脚，收撫八切、阿什並阿落、馬家、上三支、下三支，野夷悉請内附，不隸土司。先是馬邊夷阿侯蘇噶支戕英敎士，拒捕，與馬邊協副將楊景昌軍相持。爾巽調總兵董南斌往剿，與寧遠軍夾擊，阿侯蘇噶降。兩軍於十月二十五日貫通涼山夷巢，會於吽吽壩。於是爾巽議禁黑夷蓄奴。先就交脚設縣治，餘地擇要屯守；而西南由美姑河至雷波，闢雷寧通道四百餘里，駐兵守護，以通商旅。是役也，得地幾及千里，夷衆凡十餘萬人。二年，振邦、廷緒等師還討會理土司，撥砂、會理村、苦竹、者保、通安舟等悉改流，至是川境土司多非舊觀矣。今采傳世較永者著於篇。其國初歸附未久旋卽絕滅者，尚不勝記云。

成綿龍茂道松潘鎮轄：

拈佐阿革寨土百戶，係西番種類。其先個個柘，康熙四十二年，歸附，授職。

熱霧寨土百戶，係西番種類。其先甲槓他，康熙四十二年，歸附，授職。

峩眉喜寨土千戶，係倮夷種類。其先官布笑，雍正四年，歸附，授職。

毛革阿按寨土千戶，係倮夷種類。其先王乍，雍正四年，歸附，授職。

包子寺寨土千戶，係西番種類。其先噶竹，康熙四十二年，歸附，授職。以上松潘廳中營屬。

阿思峒寨土千戶，係西番種類。其先立架，順治十五年，歸附，授職。

羊峒寨土百戶，係西番種類。其先甲利，雍正二年，歸附，授職，由四川總督給以土百戶委牌一張。以上松潘廳左營屬。

下泥巴寨土百戶，係西番種類。其先林青，康熙四十二年，歸附，授職，由四川總督給以土百戶委牌一張。松潘廳右營屬。

寒盻寨土千戶，係西番種類。其先占巴笑，康熙四十二年，歸附，授職。

商巴寨土千戶，係西番種類。其先剛讓笑，康熙四十二年，歸附，授職。

祈命寨土千戶，係西番種類。其先龍盻架，康熙四十二年，歸附，授職。

羊峒踏藏寨土目，係西番種類。其先甲六笑，康熙四十二年，歸附，授土目。

阿按寨土目，係西番種類。其先六笑他，康熙四十二年，歸附，授土目。

挖藥寨土目，係西番種類。其先旦折笑，康熙四十二年，歸附，授土目。

押頓寨土目，係西番種類。其先拈爭笑，康熙四十二年，歸附，授土目。

中岔寨土目，係西番種類。其先揑盻目，康熙四十二年，歸附，授土目。

郎寨土目，係西番種類。其先郎那亞，康熙四十二年，歸附，授土目。

竹自寨土目，係西番種類。其先札布吉，康熙四十二年，歸附，授土目。

臧咱寨土目，係西番種類。其先出亞，康熙四十二年，歸附，授土目。

東拜王亞寨土目，係西番種類。其先點進笑，康熙四十二年，歸附，授土目。

達弄惡壩寨土目，係西番種類。其先達喇笑，康熙四十二年，歸附，授土目。

香咱寨土目，係西番種類。其先轄六，康熙四十二年，歸附，授土目。

沓馬寨土目，係西番種類。其先由仲笑，康熙四十二年，歸附，授土目。

八頓寨土目，係西番種類。其先革甲，康熙四十二年，歸附，授土目。

上包坐余灣寨土千戶，係西番種類。其先札卜盻，康熙四十二年，歸附，授職。

下包坐竹當寨土千戶，係西番種類。其先本布笑，康熙四十二年，歸附，授職。

川柘寨土千戶，係西番種類。其先桑仲，康熙四十二年，歸附，授職。

谷爾壩那浪寨土千戶，係西番種類。其先郎借，康熙四十二年，歸附，授職。

雙則紅凹寨土千戶，係西番種類。其先郎那笑，康熙四十二年，歸附，授職。

以上各土司，皆頒有號紙。

上撒路木路惡寨土百戶，係西番種類。其先學賴，雍正二年，歸附，授職。

中撒路木路惡寨土百戶，係西番種類。其先隆笑，雍正二年，歸附，授職。

下撒路竹弄寨土百戶，係西番種類。其先迫帶，雍正二年，歸附，授職。
崇路谷謨寨土百戶，係西番種類。其先札務革柱，雍正二年，歸附，授職。
作路生納寨土百戶，係西番種類。其先郎刀，雍正二年，歸附，授職。
上勒凹貢按寨土百戶，係西番種類。其先借勒，雍正二年，歸附，授職。
下勒凹卜頓寨土百戶，係西番種類。其先林革秀，雍正二年，歸附，授職。

以上各土司，皆頒有印信號紙。

班佑寨土千戶，係西番種類。其先獨足笑，雍正元年，歸附，授職。
巴細蛇住壩寨土百戶，係西番種類。其先連柱笑，雍正元年，歸附，授職。
阿細柘弄寨土百戶，係西番種類。其先哈脩，雍正元年，歸附，授職。
上作爾革寨土百戶，係西番種類。其先轄頓，雍正元年，歸附，授職。
合壩奪雜寨土百戶，係西番種類。其先谷六笑，雍正元年，歸附，授職。
轄漫寨土百戶，係西番種類。其先額旺，雍正元年，歸附，授職。
下作革寨土百戶，係西番種類。其先郎納他，雍正元年，歸附，授職。
物藏寨土百戶，係西番種類。其先郎加蚌，雍正元年，歸附，授職。
熱當寨土百戶，係西番種類。其先拆戎架，雍正元年，歸附，授職。

磨下寨土百戶，係西番種類。其先的那，雍正元年，歸附，授職。
甲凹寨土百戶，係西番種類。其先革柯，雍正元年，歸附，授職。
阿革寨土百戶，係西番種類。其先甲亞，雍正元年，歸附，授職。
鵲個寨土百戶，係西番種類。其先羅六，雍正元年，歸附，授職。
郎惰寨土百戶，係西番種類。其先阿出，雍正元年，歸附，授職。
上阿壩甲多寨土千戶，係西番種類。其先拆達架，雍正元年，歸附，授職。
中阿壩墨倉寨土千戶，係西番種類。其先革杜亞，雍正元年，歸附，授職。
下阿壩阿強寨土千戶，係西番種類。其先頓壩，雍正元年，歸附，授職。
上郭羅克車木塘寨土百戶，係西番種類。其先噶頓，康熙六十年，歸附，授職。
中郭羅克插落寨土千戶，係西番種類。其先丹增，康熙六十年，歸附，授職。
下郭羅克納卡寨土百戶，係西番種類。其先彭錯，康熙六十年，歸附，授職。
上阿樹銀達寨土百戶，係西番種類。其先卜架亞，康熙六十年，歸附，授職。
中阿樹宗個寨土千戶，係西番種類。其先卜他，康熙六十年，歸附，授職。
下阿樹郎達寨土百戶，係西番種類。其先郎加劄舍，康熙六十年，歸附，授職。
小阿樹寨土百戶，係西番種類。其先達爾吉，康熙六十年，歸附，授職。以上松潘廳漳臘營屬。

丢骨寨土千戶，係西番種類。其先沙乍謨，康熙四十二年，歸附，授職。

雲昌寺寨土千戶，係西番種類。其先革都判，康熙四十二年，歸附，授職。

呷竹寺土千戶，係倮夷種類。其先七谷，康熙四十二年，歸附，授職。以上松潘廳平番營屬。

以上各土司，皆頒有號紙。

中羊峒隆康寨首，係西番種類。其先林柱，雍正二年，歸附，委以寨首。咸豐十一年，歐利娃作亂，陷南坪營，同治四年，周達武率武字、果毅各軍討平之。

下羊峒黑角郎寨首，係西番種類。其先六孝，雍正二年，歸附，委以寨首。

以上各土司，皆無印信號紙。以上松潘廳南坪營屬。

大姓寨土百戶，其先郁氏，於唐時頒給左都督職銜印信，管束番衆。順治六年，郁孟賢將唐時印信呈繳。

小姓寨土百戶，其先郁從文，於明末歸附，授長官司職銜印信，管束番衆。順治年間，將明時印信號紙呈繳。

大定沙壩土千戶，其先蘇忠，於明萬曆年間歸附，授土千戶職銜印信，管束番衆。順治年間，將明時印信號紙呈繳。

以上各土司，皆頒號紙。

大黑水寨土百戶，其先郁孟賢，於明末歸附，授土百戶職銜，管束各番。順治年間，將明時號紙呈繳。

小黑水寨土百戶，其先於唐時歸附，授土百戶職銜印信，管束各番。順治年間，郁從學將唐時印信呈繳。

以上各土司，皆給委牌。

松坪寨土百戶，其先韓騰，於明末歸附，授土百戶職銜印信，管束番衆。順治年間，將明末印信號紙呈繳，仍頒給號紙。以上茂州疊溪營屬。

靜州長官司，其先董正伯，自唐時歸附，授職。順治年間，賊屠茂州，土司董懷德率土兵捍禦，地方寧謐。九年，董應詔歸附。

隴木長官司，其先何文貴，於宋時勦羅打鼓生番有功，授職與印。順治九年，歸附。

岳希長官司，其先坤蒲，自唐時有功授職。康熙九年，歸附。

沙壩安撫司，其先蟒答兒，自明時勦黑水三溪生番有功授職。順治九年，歸附。

水草坪巡檢土司，其先蟒答兒次子住水草坪，授巡檢職。順治九年，歸附。

竹木坎副巡檢土司，其先坤兒布，自明時授職。順治九年，歸附。

牟托巡檢土司，其先㜂沙，自唐時授職。順治九年，歸附。

以上各土司，皆頒印信號紙。

實大關副長官司，其先官之保，自明時授職。康熙十年，歸附，頒給號紙。以上茂州茂州營屬。

陽地隘口土長官司，始祖王行儉，由宋寧宗朝授龍州判官，世襲。傳三世，改守禦千戶。元至正間，授宣禦副使。明洪武七年，開龍州，改長官司。順治六年，王熻歸附，仍授原職，頒給印信號紙。

土通判，明洪武七年授王思恭爲長官司，以王思民襲判官，旋授宣撫僉事。嘉靖間，改土通判。順治六年，王啓睿歸附，仍授原職，頒給號紙，無印信。

龍溪堡土知事，宋景定間，授薛嚴龍州知州，世襲。明隆慶間，改土知事。順治六年，薛兆選歸附，仍授原職，頒給號紙。以上龍安府龍安營屬。

瓦寺宣慰司，先世雍中羅洛思，與兄桑郎納思壩，前明納貢土物。正統六年，威茂、孟董、九子、黑虎等寨諸番跳梁，雍中羅洛思、桑郎納思壩奉調出藏，帶兵出力，卽留住汶川縣塗禹山，給宣慰司印信號紙。順治九年，土司曲翊伸歸附，授安撫司。康熙五十九年，征西藏，土司桑郎溫愷隨征有功，加宣慰司銜。乾隆二年，加指揮使職銜。乾隆十七年及三十六年，征剿雜谷土司蒼旺並金川等處，土司桑郎雍中隨征出力，賞戴花翎。嘉慶元年，隨征達州教匪，經四川總督勒保奏升宣慰司，換給印信號紙。以上理番廳維州協左營屬。

梭磨宣慰使司，始祖囊素沙甲布，原係雜谷土目，自唐時歸附。雍正元年，征剿郭克賊番有功，頒給副長官司印信號紙。乾隆十五年，換給安撫司印。三十六年，進剿大小金川，土司隨征，經將軍阿桂奏賞宣慰司職銜並花翎，換給印信號紙。

卓克基長官司，其祖良爾吉，係雜谷土舍。乾隆十三年，隨征大金川有功。十五年，頒給長官司印信號紙，尋以通匪伏誅。

松岡長官司，其祖係雜谷土目，自唐時安設。康熙二十二年，頒給安撫司印信號紙。乾隆十七年，土司蒼旺不法，伏誅。

黨壩長官司，其曾祖阿丕，係雜谷土舍。乾隆十三年，土舍澤旺隨征大金川有功，頒給長官司印信號紙。嘉慶元年，土司更噶斯丹增姜初隨征苗匪，賞花翎。以上理番廳維州協右營屬。

成綿龍茂道提標轄：

沃日安撫司，始祖巴碧太。順治十五年，歸附，頒發沃日貫頂淨慈妙智國師印信號紙。

乾隆二十年，頒給土司色達拉安撫司印信號紙，隨將舊印呈繳。二十九年，隨征金川有功，賞二品頂戴花翎。沃日地名更爲鄂克什，原係維州協所轄。乾隆五十年，改隸懋功協管轄。宣統三年，改流。

綽斯甲布宣撫司，綽斯甲布印文曰「卓斯甲布」。卓斯，地名。甲者，家之誤。番人稱謂如德格則曰「德格家」，孔撒則曰「孔撒家」。布者，番人男子之稱。印以「綽斯甲布」爲名，誤矣。始祖資立，康熙三十九年，歸附。四十一年，頒給安撫司印信號紙。乾隆三十七年，出師金川，賞二品頂戴花翎。四十一年，頒給宣撫司印信號紙，隨將舊印呈繳。原係阜和協所轄。乾隆五十一年，改隸懋功協管轄。宣統三年，改流。以上懋功廳懋功協屬。

建昌道建昌鎮轄：

河東長官司，其先自元迄明，世襲建昌宣慰司。順治十六年，安泰寧歸附，呈繳明印。雍正六年，改授長官司。管有大石頭、長村、繼事田三土百戶，利扼、上笱菓、阿史、紐姑、上沈渣、下笱菓、上熱水、小涼山、慕西、又利呃、阿史、者加十二土目。

阿都正長官司，其先結固，順治六年，歸附，授職。康熙四十九年，土司慕枝爲招撫案內，授阿都宣撫司，頒給印信號紙。雍正六年，改土歸流。是年，涼山野夷不法，土司聚姑擒獻兇首，復授阿都正長官司。管有歪歪溪、咱古、喬山南、大河西四土目。

副長官司，雍正六年，勦撫涼山夷衆，歸附有功，授阿都副長官司。管有小涼山馬希、大梁山拖覺、阿乃、又阿史、結呃、派乃、者膩、那科、那俄、哈乃過、又阿驢十一土目。

沙罵宣撫司，其先安韋威，康熙四十九年，歸附，授職。管有那多、扼烏、咱烈山、撒凹溝、結覺五土目。以上西昌縣中營屬。

昌州長官司，其先盧尼古，明洪武九年，調守德昌、昌州，康熙四十九年，歸附，承襲。

普濟州長官司，其先吉三嘉，明洪武七年，授普濟州土知州。康熙四十九年，歸附，承襲，改長官司。

威龍州長官司，其先張起朝，明洪武七年，授職。順治十六年，歸附，世襲。以上西昌縣左營屬。

河西宣慰司，其先安吉茂，康熙五十一年，歸附。五十七年，吉茂歿，無子，嶺氏撫伊兄越巂土司嶺安泰之子爲子，更名安祥茂。雍正六年，改土歸流，換給土千總職銜，世襲。管有囉慕、苟菓、咱堡、沙溝四土目。以上西昌縣右營屬。

以上各土司，皆頒印信號紙。

邛部宣撫司，其先嶺安盤，康熙四十三年，歸附，授職。同治二年，土司嶺承恩助官軍擒石達開有功，賞二品銜。管有膩乃、阿谷、蘇呷、咱戶、蔡虐、阿蘇、濫田壩、普雄、黑保、大疏山十土目。以上越嶲廳越嶲營屬。

煖帶密土千戶，其先嶺安泰，康熙四十九年，歸附，授職。管有上官、六革、瓜倮、糾米、布布、阿多六磨、磨卡爲呷、西糾七鄉總。

煖帶田壩土千戶，其先部則，康熙四十四年，歸附，授職。

松林地土千戶，其先王德洽，康熙四十九年，歸附，授職。管有老鴉漩、白石村、六翁、野猪塘、前後山、料林坪六土百戶。以上越嶲廳寧越營屬。

以上各土司，皆頒印信號紙。

木裏安撫司，其先六藏塗都，雍正七年，歸附。

瓜別安撫司，係㱔麼夷人。其先玉珠迫，康熙四十九年，歸附。

馬喇副長官司，係儸夷人。其先阿世忠，康熙十九年，歸附，頒給號紙。

古柏樹土千戶，係㱔麼夷人。其先郎俊位，康熙四十九年，歸附。管有阿撒、祿馬六槽兩土目。

中所土千戶，係㱔麼夷人。其先喇瑞麟，康熙四十九年，歸附。

左所土千戶，係㱔麼夷人。其先喇世英，康熙四十九年，歸附。管有華苴蘆土目。

右所土千戶，係麼些夷人。其先八璽，康熙四十九年，歸附。

前所土百戶，係麼些夷人。其先阿成福，康熙四十九年，歸附。

後所土百戶，係麼些夷人。其先白馬塔，康熙四十九年，歸附。以上鹽源縣會鹽營屬。

以上各土司，皆頒印信號紙。

酥州土千戶，其先姜喳。康熙四十九年，歸附，授職。

架州土百戶，其先里五，康熙四十九年，歸附，授職。

苗出土百戶，其先熱卽巴，康熙四十九年，歸附，授職。

大村土百戶，其先也四噶，康熙四十九年，歸附，授職。

糯白瓦土百戶，其先紐吽，康熙四十九年，歸附，授職。

大鹽井土百戶，其先前布汪喳，康熙四十九年，歸附，授職。

熱卽哇土百戶，其先牙卓撇，康熙四十九年，歸附，授職。

中村土百戶，其先歪卽噶，康熙四十九年，歸附，授職。

三大枝土百戶，其先甲噶，康熙四十九年，歸附，授職。

河西土百戶，其先那姑，康熙四十九年，歸附，授職。以上冕寧縣冕山營屬。

窩卜土百戶，其先藍布甲噶，康熙四十九年，歸附，授職。

盧郎土百戶，其先濟布，康熙四十九年，歸附，授職。
白路土百戶，其先倪姑，康熙四十九年，歸附，授職。
阿得轎土百戶，其先慕庚，康熙四十九年，歸附，授職。
瓦都土目，其先安承裔，康熙四十九年，歸附，授職。
木朮凹土目，其先那咱，康熙四十九年，歸附，授職。
瓦尾土目，其先瀘沽，康熙四十九年，歸附，授職。
瓦都木、朮凹、瓦尾三土司，皆於雍正五年，因征三渡水僙俊違誤運糧參革，其部落戶口仍設土目管束。以上冕寧縣靖遠營屬。
七兒堡土目，原設土司，康熙四十九年，歸附，授職。雍正五年，降土目，管有耳挖溝土目。冕寧縣瀘寧營屬。
以上各土司，皆頒印信號紙。
黎溪舟土千戶，其先自必仁，康熙四十九年，歸附，授職。
迷易土千戶，其先安文，康熙四十九年，歸附，授職。
以上各土司，皆頒有印信號紙。
會理村土千戶，其先祿沙克，康熙三十二年，歸附，授職，頒給號紙。

者保土百戶，其先祿阿格，康熙四年，歸附，無印信號紙。

普隆土百戶，其先汪玉，康熙四十九年，歸附，承襲。

紅卜苴土百戶，其先刁氏，康熙四十九年，歸附，承襲。

以上各土司，皆頒有印信號紙。

苦竹壩土百戶，其先祿姐，康熙三十七年，歸附，承襲，頒給印信號紙。其通安舟土百戶另給鈐記。以上會理州會川營屬。

披砂土千戶，其先祿應麟，康熙四十九年，歸附，頒給號紙。會理州永定營屬。

祿氏五土司，傳二百餘年。宣統初，祿紹武死，無後，妻自氏據其遺產，祿、自兩姓羣起爭襲，作亂。二年，趙爾巽派兵剿捕，先後擒逆首祿禎祥、嚴如松等，因移師討鑪鐵梁子倮夷，悉平之。披砂、會理村、苦竹、者保、通安舟五土司地一律收回，改流設治。

建昌道提標轄：

天全六番招討司高躋泰，順治九年，歸附。副司楊先柱同。均於雍正六年追繳印信號紙，以其地爲天全州。

穆坪董卜韓瑚宣慰使司，其先於明世襲土職。至康熙元年，堅參喃喀歸附，仍授原職，請領宣慰司印信。乾隆十年，頒給號紙。天全州黎雅營屬。

黎州土百戶，漢馬岱後。其先馬芍德，於明洪武八年世襲安撫司。萬曆十九年，馬祥無子，妻瞿氏掌司事，與祥姪搆釁，降千戶。順治九年，馬高歸附，仍授原職。乾隆十七年，改百戶。

大田副土百戶，乾隆十七年，因防曲曲烏，奏請添設副土百戶一員，世襲。

松坪土千戶，其先馬比必，康熙四十三年，歸附，授職。以上清溪縣黎雅營屬。

以上各土司，皆頒有印信號紙。

沈邊長官司，原籍江西吉水縣。其先余錫伯，前明從征來川，授土千戶。順治九年，余期拔歸附，改名永忠。宣統三年，改流。

冷邊長官司，西番瓦布人。其先阿撒乩，順治元年，歸附。傳至周至德，於康熙六十年授職。宣統三年，改流。以上打箭鑪泰寧營屬。

明正宣慰使司，其先係木坪分支。明洪武初，始祖阿克旺嘉爾參隨征明玉珍有功。永樂五年，授四川長河西寧魚通宣慰使。康熙五年，丹怎札克巴歸附。乾隆三十六年，甲木參德侵隨征金川有功，賞賜「佳穆伯屯巴」名號，並二品頂戴、花翎。五十六年，甲木參諾爾布隨征廓爾喀，賞花翎。嘉慶十四年，甲木參沙加領班進京恭祝萬壽，賞花翎，世襲，住牧打箭鑪城。光緒三十四年七月，趙爾豐奏改打箭鑪爲康定府，設河口縣。宣統三年，土司甲木參瓊珀繳印，其地悉歸流。原管有咱哩木千戶，木噶、瓦七、俄洛、白桑、惡熱、下八義、少悞石、作蘇策、八哩籠、上渡噶喇住索、中渡啞出卡、他咳、索窩籠、惡拉、樂壤、扒桑、木轤、格窪卡、呷那工弄、吉增卡桑阿籠、沙卡、上八義、拉里、八烏籠、姆朱、上渣壩惡疊、上渣壩卓泥、中渣壩熱錯、中渣壩沱、下渣壩業窪石、下渣壩莫藏石、魯密東谷、魯密普工碟、魯密郭宗、魯密結藏、魯密祖卜柏哈、魯密初把、魯密昌拉、魯密堅正、魯密達媽、魯密格桑、魯密本滾、長結杵尖、長結松歸、魯密白隅、魯密梭布、魯密達則、魯密卓籠四十八土百戶。

革伯咱安撫司，其先魏珠布策淩，康熙三十九年，歸附，授職，頒給印信號紙。宣統三年，改流。

巴底宣慰司，其先綽布木淩，康熙四十一年，歸附，授巴底安撫司。宣統三年，改流。

巴旺宣慰司，與巴底土司同世系，分駐巴旺，共管地方土民。宣統三年，改流。

喇袞安撫司，其先阿倭塔爾，康熙四十年，歸附，授職。

霍耳竹窩安撫司，卽倬倭。其先索諾木袞卜，雍正六年，歸附，授職。宣統三年，改流。原管有瓦述寫達、瓦述更平東撒兩土百戶。

霍耳章谷安撫司，其先羅卜策旺，雍正六年，歸附，授職。光緒二十年，瞻對欲奪其地，鹿傳霖派兵滅瞻對，同倬倭一并改流。後發還，而章谷無人承領，改爲鑪霍屯。宣統三年，改流。

納林沖長官司，其先諾爾布，雍正六年，歸附，授職，與章谷土司一家。

瓦述色他長官司，雍正六年，歸附，授職。

瓦述更平長官司，雍正六年，歸附，授職。

瓦述餘科長官司，其先沙克嘉諾爾布，雍正六年，歸附，授職。

霍耳孔撒安撫司，其先麻蘇爾特親，雍正六年，歸附，授職。宣統三年，改流。管有科則、圖根滿碟兩土百戶。

霍耳甘孜麻書安撫司，其先那木卡索諾木，雍正六年，歸附，授職。宣統三年，改流。原管有革賚、朿暑、又朿暑三土百戶。

德爾格忒宣慰司，其先丹巴策淩。雍正六年，歸附，授德爾格忒安撫司。十一年，改宣慰司。諸土司部落，以德格爲最大，東連瞻對，西連察木多，南連巴塘，北連西寧。番人以其地大，有「天德格，地德格」之稱。鹿傳霖派兵攻瞻對時，訪得德格土司羅追彭錯妻玉米者登仁甲生子名多吉僧格，又與頭人通，生子名降白仁青，以是與夫反目。玉米者登仁甲本藏女，於瞻對藏官有姻誼，藏官助之抗其夫，故各擕其子分居焉。光緒二十年，官軍計誘羅追彭錯，言爲之逐其婦及降白仁青，因入德格。洎傳霖被劾，罷改流議。土司夫婦旋病故，傳霖奏遣其二子回籍，多吉僧格暫管地方。降白仁青已爲僧，繼而招致多人爭職，多吉僧格奔藏。德格頭人百姓以降白仁青非土司子，且殘暴，迎多吉僧格歸。降白仁青避位數年，頭人正巴阿登等嗾其再起爭職，幷誘佔多吉僧格之妾。多吉僧格夫婦復奔藏，控於駐藏大臣有泰、張蔭棠。既而德格百姓復迎之歸，錮降白仁青。降白仁青脫出，聚黨作亂，人民多被殺戮，多吉僧格遣人至打箭鑪告急。宣統元年四月，趙爾豐率兵討之，降白仁青敗逃入藏。多吉僧格夫婦請改流，爾豐不欲利其危亂，許以復職。多吉僧格泣曰：「德格地廣人稀，窺伺者衆，終恐不自保，願招漢人開墾，使地闢民聚，乃可圖存。」意極堅決。爾豐奏分其地爲五區：中區德化州，南區白玉州，北區登科府，極北一區卽石渠縣，西區則同普縣，而邊北道駐登科焉。多吉僧格納其財產於官，徙家巴塘，復以奏給養贍銀及其妻姒郎錯莫首飾捐助巴塘學費。爾豐奏賞頭品頂戴，幷予其妻建坊。原管有四上革賫、雜竹嗎竹卡、籠壩，六土百戶。

霍耳白利長官司，其先隆溥特查什，雍正六年，歸附，授職。宣統三年，改流。

霍耳咱安撫司，其先阿克旺錯爾恥木，雍正六年，歸附，授職。管有兩下革賫土百戶。

霍耳東科長官司，其先達罕格務，雍正六年，歸附，授職。宣統三年，改流。

春科安撫司，其先袞卜旺札爾，雍正六年，歸附，授職。副土司與安撫司一家，同時歸附授職。宣統元年，改流。

高日長官司，其先自印布，雍正六年，歸附，授職。宣統元年，改流。

蒙葛結長官司，其先達木袞布，雍正六年，歸附，授職。

林蔥安撫司，其先袞卜林親，雍正六年，歸附，授職。宣統三年，改流。

上納奪安撫司，其先索諾木旺札爾，雍正六年，歸附，授職。宣統三年，改流。原管有上納奪土千戶，上納奪黎窩、上納奪、納奪黎窩三土百戶。

瞻對有上、中、下三名。上瞻對茹長官司、下瞻對安撫司，均雍正六年歸附授職；中瞻對長官司，乾隆十年授職。距打箭鑪七日程。東連明正，南接裏塘，西北與德格土司毘連。縱橫數百里，爲鴉龍江之上游。同治初，川、藏會攻瞻對，川軍未至，藏兵先克瞻對，派民官一、僧官一，率兵駐守，由達賴喇嘛及商上選任咨請駐藏大臣奏明，每三年替換。藏官恣行暴政，誅求無厭，瞻對民不堪命，屢起抗官，疆吏率加壓服，仍令屬藏。光緒二十年，鹿傳霖討平瞻對，議改流，卒爲恭壽、文海劾罷。三十四年，趙爾豐由川赴關外，德格土司百姓沿途控告瞻對藏官侵奪土地，四出虐民，幷歷訴中朝兩次將瞻對歸藏時，藏官追究內附者一一孥戮之慘。藏官不自安，陰欲添兵攻爾豐，爾豐令傅嵩炑率兵赴昌泰扼之。宣統元年春，爾豐建議收瞻對，樞府令駐藏大臣聯豫、溫宗堯與藏人議贖未成，樞臣恐牽動外交，持不斷。於是爾豐與嵩炑議，決以計取之。三年夏，爾豐調任入川，偕嵩炑整兵經瞻對。藏官憚軍勢之盛，潛遁去，瞻人歡舞出迎。因收回設治。尋爾豐至川奏聞。以上打箭鑪廳阜和協屬。

以上各土司，均頒有印信號紙。

裏塘宣撫司，其先番目江擺，康熙五十七年，歸附，授職。傳至索諾木根登，因不能約束帳下頭人雲甸等，致滋事端，革去土職，以土都司希洛工布拔補。裏塘、巴塘兩土司例於頭人內揀補，與他土司不同。嘉慶十二年，希洛工布爲竹馬策登等所害，以頭人阿策拔補，頒給印信號紙。

副土司，其先番目康卻江錯，與正土司同時歸附。雍正七年，授職。嘉慶八年，土司羅藏策登爲正土司頭人雲甸等戕害，以頭人阿彩登舟拔補，頒給印信號紙。向設守備一、把總一。光緒三十一年，川軍討巴塘亂，裏塘頭人不支烏拉，糧餉不能轉運，趙爾豐誅頭人，正土司逃往稻壩貢噶嶺，嘯聚土人爲亂。爾豐移師攻鄉城，分兵先剿稻壩。正土司敗逃入藏，稻壩平。先是鄉城喇嘛普中札娃强悍知兵，誘殺裏塘守備李朝富父子。鹿傳霖派游擊施文明討之，爲所擒，剝皮實草，懸以爲號。三十二年正月，爾豐率兵督攻，大小數十戰，匪退喇嘛寺死守。爾豐圍之數月，斷其水道，普中札娃自縊，諸番皆降，改裏塘爲順化縣。三十四年秋，復改裏化同知，以鄉城爲定鄉縣，稻壩爲稻城縣，貢噶嶺設縣丞。

瓦述毛丫長官司，其先番目索郎羅布，康熙六十一年，歸附。雍正七年，授職。

崇喜長官司，其先番目杜納台吉，康熙六十一年，歸附。雍正七年，授職。

瓦述曲登長官司，其先番目康珠，康熙六十一年，歸附。雍正七年，授職。

瓦述嘓隴長官司，嘉慶十二年，歸附，授職。

以上各土司，皆頒有印信號紙。

瓦述茂丫土百戶，其先番目側冷工，康熙六十一年，歸附。雍正七年，授職。瓦述麻里土百戶，嘉慶十二年，歸附，授職。

以上各土司，皆頒有號紙。以上裏塘糧務屬。

巴塘宣撫司，其先羅布阿旺，康熙五十八年，歸附，授職，頒給印信號紙。副土司同。由四川設糧員一、都司一、千總一，三年更替。其喇嘛寺設堪布一、鐵棒一，爲僧官，亦三年另換。堪布掌管教務經典，鐵棒管理僧人條規。番人犯罪，土司治之。番人之喇嘛犯罪，鐵棒治之。土餉以賦相抵，不足由官補給，年約銀千餘兩。光緒三十年，駐藏幫辦大臣鳳全赴任，道經巴塘，見地土膏腴，卽招漢人往墾，築墾場於茨梨隴，委巴塘糧員吳錫珍、都司吳以忠兼理。番人驚沮，土司堪布勸鳳全速入藏，不聽。三十一年春，七村溝番民聚衆劫殺墾夫，吳以忠陣亡，鳳全避入正土司寨，與亂民議和。亂民迫鳳全回川，許息事，鳳全信之。東行數里，至鸚哥嘴，被殺。夏，馬維騏、趙爾豐往討，六月十八日，克巴塘，誅兩土司并堪布喇嘛及首惡數人。爾豐搜剿餘匪，因移師定鄉城。三十二年秋，爾豐會錫良暨雲貴總督丁振鐸具奏改流，設巴安縣。三十四年，改巴安府，分設鹽井縣三壩通判，並設康安道，駐巴塘。原管有上臨卡石、下臨卡石、岡裡、桑隆、上阿蘇、下阿蘇、郭布等七土百戶。巴塘糧務屬。

嶺夷十二地夷人頭目，嘉慶十三年，歸附，給有頭目牌。十六年，改流，更姓住牧。豹嶺岡姓高，趕山坪姓澤，阿葉坪姓惠，牛趺彎姓周，芭蕉溝姓華，龍竹山姓夏，雪都都姓萬，小板屋姓年，牛心山姓海，月落山姓宇，鹽井溪姓成，桃子溝姓平。

赤夷十三支，嘉慶十三年，歸附，選拔土弁，給有委牌住牧。贍巴家土千總一、土把總一，管有奎雞疎、卑溪疎、奓哈疎、白魁四家。哈納家土千總一、土把總一，管有胃扭、雅札、哈什三三家。蜚瓜家土千總一、土把總二，管有媽、呆得二家。魁西家土千總一、土把總一。凡各地支所部倮夷稱曰「娃子」。以上峩邊廳峩邊營冷磧汛屬。

川東道重慶鎮轄：

石砫宣慰使，其先馬定虎，漢馬援後。南宋時，封安撫使。其後克用，明洪武初加封宣撫使。崇禎時，土司千乘及婦秦良玉，以功加太子太保，封忠貞侯。子祥麟，亦加封宣慰使。順治十六年，祥麟子萬年歸附，仍授宣慰使職。乾隆二十一年，以夔州府分駐雲安廠同知移駐石砫。二十五年，設石砫直隸廳，改土宣慰使爲土通判世職，不理民事。夔州府夔州協屬。

酉陽宣慰使司，其先受明封。傳至奇鑣，於順治十五年歸附，仍授原職，頒給印信號紙。雍正十二年，土司元齡因事革職，以其地改設酉陽直隸州。原管有邑梅峒、平茶峒、石耶峒、地壩四長官司，均於乾隆元年改流。重慶府綏寧營屬。

永寧道提標轄：

九姓土長官司，其先任福，江南溧陽人。明洪武初，從傅友德入蜀，招撫拗羿蠻，受封。傳至孟麒，以功擢安撫使。天啓元年，土司任世藩夫婦死難，子祈祿復以功授瀘衞守備。傳至長春，順治四年，歸附，更給知府劄副。吳三桂叛，長春來奔。十六年，復永寧，長春子功臣復率土民歸附，頒發劄付。康熙二年，江安縣賊吳天成等作亂，功臣以擒賊功議敍。子宗項襲職，隨頒土長官司印信號紙，以武職屬瀘州州判及瀘州營管轄。嘉慶元年，移駐瀘衞。光緒三十四年，趙爾豐奏改瀘衞爲古宋縣，存土司名。瀘州瀘州營屬。

千萬貫土千總，其先自元時受封。明洪武四年，賜姓楊。康熙四十三年，土司楊喇哇歸附，頒給印信號紙。其後楊明義，於雍正六年因雲南米貼夷滋事案參革。子明忠立功贖罪，賞土千總職銜，未經請頒印信號紙。管有頭目六十五名。

千萬貫土千戶，其先楊繼武，爲土千總楊成胞叔。嘉慶七年，夷人滋事，繼武同成出力，賞給土千戶執照。

舍安保歸附，無印信號紙。千萬貫土巡檢，其先安濟，明時授馬湖土知府。其後失職，復授土巡檢。雍正六年，土

黃螂土舍，其先爲明時酋長。雍正五年，土舍國保歸附，無印信號紙。管有頭目二十四名。以上雷波廳普安營屬。

安阜營屬。凡千萬貫、黃螂四土司，所管黑、白骨頭二種倮夷，椎髻衣氈，耕種打牲爲業。以上雷波廳

平彝長官司，其先王元壽，原籍江南人，於明時受封。順治九年，土司王長才歸附。

蠻彝司長官司，其先文的保，原籍湖廣人，於明時受封。順治九年，土司文鳳鳴歸附。

泥溪長官司，其先王麒，自明時世襲。順治九年，土司王嗣傳歸附。

沐川長官司，其先於明時受封，賜姓悅。順治九年，土司悅嶢瞻歸附。

以上各土司，皆頒有印信號紙。以上屏山縣屏山汛屬。

明州樂土百戶，其先盔甲，涼山生夷。其後駱哥，康熙四十二年，歸附，授職。

油石洞土百戶，其先普祚，涼山生夷。子咀姑，康熙四十二年，歸附，授職。

旁阿姑土百戶，其先脚謨伯，涼山生夷。子駱束，康熙四十二年，歸附，授職。

大羊腸土百戶，其先六盔，涼山生夷。子紐車，康熙四十二年，歸附，授職。

膩乃巢土百戶，其先必祚，涼山生夷。子脚骨，康熙四十二年，歸附，授職。以上馬邊廳馬邊營煙峯汛屬。

挖黑土百戶，其先亦赤，涼山生夷。子三兒，康熙四十二年，歸附，授職。

阿招土百戶，其先阿直，涼山生夷。子秧哥，康熙四十二年，歸附，授職。

幹田壩土百戶，其先賒的，涼山生夷。子路引，康熙四十二年，歸附，授職。

蔴柳壩土百戶，其先罰車，涼山生夷。子六貴，康熙四十二年，歸附，授職。

以上各土司，皆領有號紙。

㭊栗坪土千戶，其先卜佐，涼山生夷。其後阿二，嘉慶十三年，歸附，賞給職銜，領有委牌。

冷紀土外委，其先普祚，涼山生夷。子未鐵，雍正元年，歸附，授職。以上馬邊廳馬邊營三河口汛屬。

以上各土司外，有理番廳之雜谷腦屯、乾堡寨屯、上孟董屯、下董孟屯、九子寨屯，懋功廳之懋功屯、崇化屯、撫邊屯、章谷屯、綏靖屯等土弁，各設屯守備，暨所屬屯千總、屯把總、屯外委，均世及接頂，與地志、兵志互見。

清史稿卷五百十四

列傳三百一

土司三

雲南

雲南古滇國。自越巂蠻夷任貴自領太守，漢光武卽授以印綬，不以內地官守例之。若爨、若蒙，皆以本土大姓，就官累世，爲一方長。元封梁王於滇，與大理之段分治。明破梁王，滅大理，就土官而統馭之，分宣慰使、宣撫使、安撫使、正副長官司、土府、土州以治之。清順治十七年，平西王吳三桂定雲南，明永明王走緬甸，以沐府舊地封三桂，永鎭雲南。康熙十四年，撤藩，三桂遂叛。三桂死，其孫世璠襲。二十一年，克之，世璠自殺，雲南大定。

雍正初，改土歸流之議起。四年夏，先革東川土目，卽進圖烏蒙。時烏蒙土府祿萬鍾、鎭雄土府隴慶侯皆年少，兵權皆握于其叔祿鼎坤、隴聯星。鄂爾泰令總兵劉起元屯東川，招降祿鼎坤。惟祿萬鍾制于漢奸，約鎭雄兵三千攻鼎坤于魯甸，鄂爾泰遣游擊哈元生敗之；又檄其相仇之阿底土兵共擣烏蒙，連破關隘，賊遂敗走鎭雄。鄂爾泰復招降隴聯星，而鼎坤亦以兵三千攻鎭雄之脅，兩酋皆遁四川，于是兩土府旬日平。以烏蒙設府，鎭雄設州，又設鎭于烏蒙，控制三屬，由四川改隸雲南，以一事權。其東川法戞土目祿天祐、烏蒙米貼土目祿永孝，尙各據巢患邊。六年春，遣兵破擒法戞，又遣副將郭壽域以兵三百捕米貼賊，逃渡小金沙江，糾四川沙馬司及建昌、涼山各夷倮數千潛回，襲陷官兵。鄂爾泰遣總兵張耀祖、參將哈元生三路搜討。詔四川建昌、永寧官兵聽鄂爾泰節制。于是自小金沙江外，沙馬、雷波、吞都、黃螂諸土司地，直抵建昌，袤千餘里，皆置營汛，形聯勢控，並擒雷波土司楊明義；而哈元生回軍復敗阿盧土司之衆數千，屯田東川，歲收二萬餘石，課礦歲萬金，資兵餉。事甫定，祿鼎坤以功擢河南參將，怏怏失望。其子祿萬福乞回魯甸治產，見總兵劉起元軍律不肅，陰會其舊部謀變。時烏蒙商民萬計，有險可扼，且賊止標弩，無大礮，而劉起元惟㻩餒賄和，賊遂陷鎭城，盡戕兵民，徧煽東川、鎭雄及四川涼山蠻數萬叛。鄂爾泰奏言：「臣用人僨事，請別簡大臣總督兩省，暫假臣提督，將兵討賊雪憤。」世宗慰留之。鄂爾泰調官兵萬餘，土兵半之，三路進攻。先令總兵魏翥國率兵二千，七日馳抵東川，得不陷，而魏翥國旋為祿鼎明刺傷，乃以官祿代翥國。烏蒙委總兵哈元生、副將徐成貴，鎮雄委參將韓勳。勳以兵四百扼奎鄉，敗賊四千，連破四寨。哈元生以千餘兵討烏蒙，先至得勝坡，遇賊二萬。其黑寡、暮末二渠皆萬人敵。黑寡持長槍，直犯元生，元生左格槍，右拔矢，應手殪之；又射殪暮末，卽竿揭二首以進，賊奪氣。再戰再捷，進至倚那岡。賊數萬，連營十餘里。我兵三千、土兵千，夜設伏賊營左右，而嚴陣以待。黎明，賊數路來犯，不動。將偪陣，礮起，大呼奮擊，山後伏兵左右夾攻，賊大潰，盡破其八十餘營，獲甲械輜重山積。卽日抵烏蒙，賊見元生旗，卽反走，克三關，祿萬福兄弟、祿鼎坤均伏誅。

六年，鄂爾泰總督三省，其土州安于蕃、鎮沅土府刁澣，及赭樂長官土司、威遠州、廣南府各土目，先後劾黜。惟刁氏之族舍土目煽糾威遠黑倮復反，戕知府劉洪度。于是盡徙已革土司土目他省安置，并搜剿黨逆之威遠、新平諸倮，冒瘴突入，擒斬千計，而我將士亦患瘴死二百餘。又進剿瀾滄江內孟養、茶山土夷，卽明王驥兵十二萬，大舉再征，諸蠻驚謂「自古漢兵所未至者」也。鄂爾泰先檄車里土兵截諸江外，官兵各持斧鍬開路，焚柵湮溝，連破險隘，直抵孟養，據蠻坡通餉道；其六茶山巢穴四十餘寨，乃用降夷嚮導，以賊攻賊，于是深入數千里，無險不搜。惟江外歸車里土司，江內地全改流。升普洱為府；移沅江協副將駐之。于思茅、橄欖壩各設官戍兵，以扼蒙緬、老撾門戶。于是廣南府土同知、富州土知州，各願增歲糧二三千石，並捐建府、州城垣。孟連土司獻銀廠，怒江野夷輸皮幣，而老撾、景邁二國皆來貢象，緬甸震焉。乾隆三十四年，遷孟拱土司於關外。緬甸事詳見緬甸傳。

雲南府：

羅次縣

煉象關土巡檢，居煉象關大街。清順治十六年，土巡檢李文秀歸附，仍授舊職。傳至李東祚，乾隆五十年，改爲從九品土官，世襲。

祿豐縣

南平關土巡檢，居土官村。清順治十六年，土巡檢李楚南歸附，仍授舊職。傳至李東來，乾隆五十年，改爲從九品土官，世襲。

大理府：

趙州

定西嶺土巡檢，居定西嶺。清順治十六年，土巡檢李齊斗歸附，仍授舊職。

雲南縣土縣丞，在縣城。清順治十六年，土知縣楊玉蘊子岳歸附，仍授土知縣世職。

康熙六年，雲南縣改設流官知縣，其知縣改縣丞，世襲。

雲南縣土主簿，居土官村，離城十里。清順治十六年，土主簿張維歸附，仍授世職。

鄧川州

青索鼻土巡檢，在青索鼻。清順治十六年，土巡檢楊應鵬歸附，仍授舊職。傳至楊榮昌，乾隆五十年，改爲從九品土官，世襲。

浪穹縣

浪穹縣土典史，在縣城。清順治十六年，土典史王鳳州歸附，仍授世職。

蒲陀崆土巡檢，在蒲陀崆，距縣城十五里。清順治十六年，土巡檢楊爭先歸附，仍授世職。

鳳羽鄉土巡檢，在鳳羽鄉，距縣城三十里。清順治十六年，土巡檢尹德明歸附，仍授世職。

上江嘴土巡檢，在上江嘴，距縣一百二十里。清順治十六年，土巡檢楊康國歸附，仍授世職。

下江嘴土巡檢，在下江嘴，距縣九十里。清順治十六年，土巡檢何應福歸附，仍授世職。

雲龍州

箭杆場土巡檢，居箭杆場。清順治十六年，土巡檢字題鳳歸附，仍授世職。舊屬鄧川州，康熙二年，改隸雲龍州。

十二關長官司，在府東三百里。清順治十六年，長官司李恬森歸附，仍授世職。

老窩土千總，居老窩。清順治十六年，土知州段德壽歸附，後裁。乾隆十二年，德壽孫維精剿秤戛夷賊有功，十七年，授土千總世職。道光元年，永北軍務，段克勳帶練擒賊，給五品頂戴。

六庫土千總，居六庫。其先段復健，明土知州段保十七世孫。清乾隆十二年，征秤戛夷賊有功，十七年，授土千總世職。道光元年，永北軍務，段履仁帶練擒賊，給五品頂戴。

漕澗土把總，居漕澗。清順治十八年，左文燦以堵禦功授土官長官司，子停襲。乾隆十二年，文燦曾孫左世英隨征秤戛夷賊有功，授土把總，世襲。

鄧川州土知州，清順治十六年，土知州阿尚夔歸附，仍授世職。曾孫㒟遠，因縱賊殃民，雍正四年改流，安插江西。

臨安府：

納樓茶甸長官司，在府西南一百八十里。清順治十六年，長官司普率歸附，仍授世職。康熙四年，率附王祿叛，官兵討之，乞降，赦之，以子向化襲。

納更山土巡檢，距府東南二百八十里。清順治十六年，土巡檢龍天正歸附，仍授世職。

虧容甸長官司，在府西南一百四十里。清順治十六年，長官司孫大昌歸附，仍授副長官世職。

思陀鄉土舍，在府西南二百五十里。清順治十六年，長官司李秉忠歸附，仍授長官司、副長官世職。後絕，改土舍。康熙二十年，以李世元繼襲。

溪處長官司副長官，在府西南三百一十五里。清順治十六年，長官司恩忠歸附，仍授副長官世職。康熙四年，附祿昌賢叛，伏誅，改土舍。

瓦渣鄉長官司，在府西南二百四十里。清順治十六年，錢覺耀歸附，仍授副長官世職。康熙四年，通王祿叛，官兵擒斬之，職除，改土舍。

左能寨長官司，在府西南二百三十里。清順治十六年，吳應科歸附，以非滇志所載，下臨安府查核，稽其譜系，蓋應科爲明蚌頗十一世孫，因改土舍，准襲。

落恐甸長官司，在府西南二百里。清順治十六年，明授副長官司陳玉歸附，因號紙無存，給便委土舍，仍准世襲。

阿邦鄉土舍，在府東南二百一十里。明授土守備。清順治十六年，土守備陶順祖歸附，守職如故。旋議土司不宜加武職，改土舍。

慢車鄉土舍，在府西南一百四十里。清順治間，元江土夷亂，漫車土目刀岡隨官軍協剿，授土舍世職。

稿吾卡土把總，在府東南二百八十里。清雍正間，納更土目龍在渭隨征元普逆夷有功，給土把總職銜。嘉慶二十二年，江外夷匪滋事，龍定國父子陣亡，奏准世襲土把總。

十五猛，縱橫四百餘里。明初爲沐氏勳莊。清順治十七年，吳三桂請並雲南荒田給與藩下壯丁耕種。康熙七年，奏旨圈撥。叛後，變價歸建水徵收。猛各設一掌寨，督辦錢糧。管有猛喇、猛丁、猛梭、猛賴、猛蚌、茨桶壩、五畝、五邦、者米、猛弄、馬龍、瓦遮、斗巖、阿土、水塘十五寨。

教化三部長官司副長官。清順治十六年，副長官龍昇歸附，仍以張長壽爲名，許之，授世職。康熙四年，附王祿叛，誅之，以其地爲開化府，設流官。

王弄山長官司副長官。清順治十六年，副長官王朔歸附，授世職。康熙四年，朔與祿昌賢叛，官兵討之，朔自焚死，以其地屬開化府。

阿迷州土知州，舊有土目李阿側。清康熙四年，從討王朔有功，授土知州世職。傳至李純，濫派橫征，爲羣夷所控。雍正四年，籍其產，安置江西，改流。

寧州土知州，淸順治十六年，祿昌賢歸附，仍授世職。十七年，降州同。明年，以舉首梅道人等謀逆，復原職。康熙四年，以叛伏誅。

寧州土州判。淸康熙十九年，滇有李者祿歸附，准世襲州判。後絕，停襲。

嶍峨縣土知縣。淸順治十六年，祿益歸附，仍授世職。康熙四年，與祿昌賢等叛，改流。

嶍峨縣土主簿。淸順治十六年，王揚祖歸附，仍授世職。康熙四年，與祿昌賢等叛，伏誅，職除。

蒙自縣土縣丞。土知縣陸氏被黜，其土舍寧州祿重據土官村，溺於酒色，不能馭下。其目把李輔舜等叛歸沙源，源以兵乘之，遂破有土官村。沙定洲踞會城，令李輔舜子日芳竊據蒙自。定洲敗，日芳遂家於蒙。淸康熙四年，日芳弟日森子世藩、世屛附寧州祿昌賢叛，總兵閻鎭破之。世藩遁，追斬之；世屛出降，免死，充大理軍。後吳三桂反，給世屛僞總兵劄。大師復滇，世屛持劄歸附，授蒙自縣土縣丞職，不准世襲。

楚雄府：

楚雄縣土縣丞。清順治十六年，土縣丞楊春盛歸附，仍授舊職。乾隆五十年，改爲正八品土官，世襲。

鎭南州土州同，居本城。清順治十六年，土州同段光贊歸附，仍授世職。

鎭南州土州判，居鎭南州城東北。清順治十六年，土州判陳昌虞歸附，仍授世職。

阿雄關土巡檢，居鎭南州屬。清順治十六年，土巡檢者光祖歸附，仍授世職。

鎭南關土巡檢。清順治十六年，土巡檢楊繼祖歸附，仍授舊職，傳至楊文輝，乾隆五十年，改爲從九品土官，世襲。

姚州土州同，居姚州西界彌興官莊。清順治十六年，土州同高顯錫歸附，仍授舊職。傳至高配忝，乾隆五十年，改爲從六品土官，世襲。

廣通縣

回磴關土巡檢，居回磴關。清順治十六年，土巡檢楊忠蓋歸附，仍授舊職。傳至楊怡，乾隆五十年，改爲從九品土官，世襲。

沙矣舊土巡檢。清順治十六年，土巡檢蘇鑑歸附，仍授舊職。傳至蘇敬，乾隆五十年，改爲從九品土官，世襲。

定遠縣土主簿，居本城。清順治十六年，土主簿李世卿歸附，仍授舊職。傳至李毓英，乾隆五十年，改爲正九品土官，世襲。

姚安府土同知。清順治十六年，土同知高奣映歸附，仍授世職。傳至李厚德，雍正三年，以不法革職，安置江南。

澂江府：

新興州土州判，居州南研和邑。清康熙十九年，復滇，土人王鳳授僞遊擊，迎至廣西路投誠；隨征石門坎、馬別河、黃草壩皆有功，授土州判世職。

河陽縣安插土官。清順治初，土官刀韜歸附，止給劄，仍准世襲。沿至刀廷俊，裁革。

新興州

鐵鑪關土巡檢。清順治十六年，土巡檢王先榮歸附，授世職。康熙四年，同王耀祖叛，削除。

廣南府：

廣南府土同知。清順治十六年，儂鵬歸附，授同知世職。傳至儂毓榮，乾隆三十一年，從征普洱、緬甸。三十七年，頒給土同知關防。子世昌，嘉慶二年從征貴州仲苗，加銜一等，賞戴花翎，世襲。

富州土知州，在府東二百六十五里。清順治十六年，土知州沈崑瑺歸附，仍授世職。康熙九年，頒給州印。後以罪黜，傳至沈肇乾。雍正八年，肇乾復以罪黜。

順寧府：

雲州

大猛廡土巡檢。清順治十六年，土巡檢俸新命歸附，仍授世職。

緬寧廳

猛猛土巡檢，明末奔竄，失其印信號紙，未能請襲。傳子紫芝，清康熙五十四年歸附，貢象，仍授世職，頒給鈐記。乾隆二十九年，改屬順寧府。

直隸耿馬宣撫司，在永昌府南七百二十里，隸孟定府。清平滇，罕悶括歸附，仍授宣撫司，承襲。乾隆二十九年，改隸順寧府，世襲。

孟連宣撫司，在順寧府邊外南境，舊隸於永昌府。清康熙四十八年，刁派鼎貢象，歸附，授宣撫司世職。派鼎死，子刁派春年幼，叔祖刁派烈撫孤。有刁派猷謀殺派烈，奪印爭職，安插省城，另給宣撫司鈐記便委。傳至刁派新，因地處極邊，界連外域，定爲經制宣撫司，頒給印信號紙。乾隆二十九年，改隸順寧府。

猛緬長官司，清乾隆十一年，歸流，改其地為緬寧，設流官通判駐其地。

曲靖府：

平彝縣土縣丞，居平彝縣竹園村。清順治初，土縣丞龍闊歸附，仍舊世襲。

清史稿卷五百十五

列傳三百二

土司四

貴州

貴州古羅施鬼國，漢夜郎國，並牂牁、武陵郡地。唐亦置播州、思州。元置八番、順元諸軍民宣慰使司以羈縻之。明靄翠、奢香最爲効忠。後則播州之楊、永寧之奢、水西之安，爲西南鉅患。楊氏滅，爲遵義、平越二府；奢氏滅，爲永寧縣。清初，黔省安氏猶强。經孫可望之亂，未頒正朔，苗蠻蠢動，諸擅兵相攻者，蹂躪地方，無有寧日。

順治十五年，經略洪承疇定貴州。十七年四月，馬乃營土目龍吉兆等反。雲、貴既平，各土司俱奉貢賦，遵約束。龍吉兆收養亡命，私造軍器，奸民文元、胡世昌、況榮還等俱黨附之，遙結李定國爲聲援，糾合鼠場營龍吉佐、樓下營龍吉祥歃血盟，掠廣西泗城州之土寨，安南衞之阿計、屯水橋、﨣衣沖、下三阿、白屯等處，所過劫戮。總督趙廷臣、巡撫卞三元招諭不服，乃合疏請討。十一月十九日，廷臣破果母寨，殺賊數千，擒吉兆子、吉佐妻，殲逆黨文元、胡世昌於陣，遂乘勝破咔呷寨。吉兆閉寨拒守，官兵圍之。十八年二月，廷臣令官兵人持一炬，縱火焚其寨，破之。吉兆及逆黨況榮還等皆伏誅，馬乃平。

九月，劉鼎叛。康熙二年正月，丹平土官莫之廉以隱匿劉鼎伏誅。金筑土官王應兆與鼎通，總督楊茂勳討平之，鼎敗逃水西。七月，被獲伏誅。

三年正月，逆賊常金印等謀反，伏誅。金印，上元人，自稱常遇春之後，從粵走黔，與水西安坤、皮熊等同謀反。金印稱「蕩虜大將軍湘平伯」，僞造印敕旗纛，聚黨陳鳳麟、高岑、吉士英、米應貴等，煽誘諸土司爲亂，爲同黨陳大出首，俱就擒。

二月，水西宣慰司安坤叛。初，經略洪承疇至沅，師不能進，承疇招安坤，許以如元阿畫、明靄翠故事，坤大喜，繳印歸誠，引大兵由小路進入貴陽。滇、黔底定，敍坤功，許世襲，兼賜袍帽靴服采幣。朋總兵皮熊合謀，蠢蠢思動，蹤迹頗露。總督楊䓨勳曰：「水西地方沃野千里，地廣兵强，在滇爲咽喉，在蜀爲門戶，若於黔則腹心之蠱毒也。失今不討，養癰必大。」乃請剿。命總管吳三桂督雲、貴各鎭兵分東西兩路討之。三月，三桂統十鎭兵由畢節七星關入，令總兵劉之復駐兵大方，遏其衝逸，令提督李本深統貴州四鎭兵由大方之六歸河會剿，屯糧於三岔河。而檄黔省兵書誤書「六歸」爲「陸廣」，於是本深兵及黔、蜀二省所運之糧盡屯陸廣，三路氣息隔絕不相通。三桂受困兩月，食將絕，外援不至。永順總兵劉安邦戰死，受圍益迫。適水西土目安如鼎遣人偵黔營虛實，爲本深所獲，始知三桂被圍已久，乃使爲引導，整兵入援。副將白世彥手斬驍賊以徇於陣，賊遂敗走。總兵李如碧亦率精兵入重圍，運糧接濟，兵合爲一，敗賊阿作峒，復敗之得初峒，九月又敗之紅崖峒。坤率其妻祿氏逃於木弄箐，復逃至烏蒙，烏蒙不納。坤遣漢把曾經賫印投降，不許，生擒坤於大方之杓箐，並擒皮熊、安重聖等。皮熊不食十五日而死，坤與重聖俱伏誅。

四年十二月，郎岱土司隴安藩反，命吳三桂發兵討之。藩乃安坤親黨。坤滅後，招納坤餘孽隴勝等，及安重聖妻隴氏，殺安順府經歷袁續，攻破關嶺，直犯永寧。隴勝等亦攻犯大定、威寧，殺畢節經歷秦文。五年六月，隴安藩伏誅，郎岱平。

二十四年七月，黎平賊何新瑞反。新瑞本李姓，初在靖州爲僧，後至平茶所犯罪，逃至新化，乃冒姓何，稱故明總督何騰蛟子，煽惑苗民作亂，黎平官兵擊敗之。二十五年二月，新瑞伏誅，徙土司韋有能等，以其地入永從縣。

廣順州之長寨，寨據各苗之腹。前總督高其倬誘擒阿近，議設營汛，以控前後左右各寨。雍正四年夏，官兵焚其七寨，未獲首逆，副將劉業浚卽退營宗角，且言三不可剿。鄂爾泰駁以三不可不剿；令總兵石禮哈搜討，盡殲首從，勒繳軍器，建參將營，分扼險要，易服薙髮，立保甲，稽田戶。于是乘威招服黔邊東西南三面廣順、定番、鎭寧生苗六百八十寨，鎭寧、永寧、永豐、安順生苗千三百九十八寨，地方千餘里，直抵粵界。

鎭遠清水江者，沅水上游也，下通湖廣，上達黔、粵，而生苗據其上游，曰九股河，曰大小丹江，沿岸數百里，皆其巢窟。古州者，有裏有外。裏古州距黎平府百八十里，即元置古州八萬洞軍民長官司所也。地周八十餘里，戶四五千，口二萬餘。都江、溶江界其左右，合爲古州江。由此東西南北各二三百里爲外古州，約周千二三百里，戶數千，口十餘萬，可敵兩三州縣。環黔、粵萬山間，而諸葛營踞其中，倚山面川，尤據形勢。張廣泗守黎平，輕騎深入周勘，倡議置鎭諸葛營，扼吭控制，而其外戶爲都勻、八寨，內戶爲丹江、清江。乃于六年夏，先創八寨以通運道，分兵進攻大小丹江，出奇設伏，盡焚負固之雞講五寨。苗赴軍乞降，歃血刻木，埋石爲誓。九年，乘勝沿九股河下抵清水江。時九股苗爲漢奸曾文登所煽，言改流升科，額將歲倍，且江深崖險，兵不能入。及官軍至，以農忙佯乞撫，廣泗亦佯許之，而潛舟宵濟，扼其援竄。蘇大有、張禹謨突擣其巢，又敗其夜劫營之賊，塡壕拔橛，冒險深入，苗四山號泣，縛曾文登以獻。于是清水江、丹江皆奏設重營，以控江路，令兵役雇苗船百餘，赴湖南市鹽布糧貨，往返不絕，民、夷大忭，估客雲集。

古州自昔奥樸，自清初吳三桂僞將馬寶兵由楚竄滇，取道古州，諸苗遮獲其大礮重甲火藥，由是日强，而上下江尤甚。上江爲來牛、定旦，下江爲溶峒。當廣泗初至，苗皆謂官兵不能久，依違從撫，及聞諸葛營建城堡，遂羣起拒命。八年秋，廣泗督官兵夜半集苗船爲浮橋，攻其不備，進攻上江之來牛、定旦，擒斬四千，獲礮械無算。其下江溶峒之深遠大箐，危峯障日，皆伐山通道，窮搜窟宅。乃徧勘上下江，濬灘險，置斥堠，通餉運。其都江、淸水江之間，有丹江橫貫，惟隔陸路五十餘里，爲之開通，于是楚、粵商艘直抵鎭城外，古州大定。

初，世宗以廣泗招撫古州，不煩兵力，由知府逾年擢至巡撫，遣侍讀春山、牧可登至軍察之，並頒犒師銀十萬兩。鄂爾泰約廣西巡撫金鉷赴貴陽會籌邊事，乃議黎平府設古州鎭，而都勻府之八寨、丹江，鎭遠府之淸水江，設協營，增兵數千，爲古州外衞；後復改淸江協爲鎭，與古州分轄。世宗嘉鄂爾泰之勞，錫封襄勤伯，世襲罔替。九年冬，入爲武英殿大學士，以高其倬代之，以元展成巡撫貴州。

十二年，哈元生進新闢苗疆圖志，以尹繼善督雲、貴，而復有黔苗之變。初，苗疆闢地二三千里，幾當貴州全省之半，增營設汛，凡腹內郡縣防兵大半移戍新疆。又鄂爾泰用兵招撫，止及古州、淸江，未及台拱之九股苗。有司輒稱台拱願內屬，巡撫元展成易視苗疆，遽于十年設營駐兵。時秋稼未穫，苗佯聽版築，而刈穫甫畢，卽傳集上下九股數百寨，叛圍大營，並扼排略大關之險，以阻餉道。營中樵汲皆斷，死守彌月，援至始解。提督哈元生入覲回黔，十一年春，進軍台拱，攻賊于番招之蓮花坉，破之，設戍其上。

十三年春，苗疆吏以徵糧不善，遠近各寨蠭起，徧傳木刻。總兵韓勳破賊古州之王家嶺，賊復聚集清江、台拱間，番招屯復圍於賊。巡撫元展成與哈元生不合，倉卒調兵五千，盡付副將宋朝相領之赴援，半途亦困于賊。賊探知內地防兵半戍苗疆，各城守備空虛，于是乘間大入，陷凱里，陷重安江驛，陷黃平州，陷巖門司，陷清平縣、餘慶縣，焚掠及鎭遠、思州。而鎭遠府治無城，人心恟懼，台拱、清江各營汛亦多爲賊誘陷。逆氛四起，省城戒嚴。四月，哈元生乃以親兵三百自出督師，扼淸平之楊老驛。六月，詔發滇、蜀、楚、粵六省兵會剿，特授哈元生揚威將軍，湖廣提督董芳副之。七月，又命刑部尙書張照爲撫定苗疆大臣，副都御史德希壽副之。時尹繼善已遣雲南兵二千星夜赴援，湖、粵兵亦繼至。生苗見各路援兵漸集，各擄掠回巢，棄城弗守。元生進軍凱里，檄各鎭克復諸城，又合攻重安江賊，以開滇師之路。生苗旣回巢穴，則糾衆攻圍新疆各營汛，于是台拱、清江、丹江、八寨諸營復同時告急。時廣西兵八千已至古州，廣東兵餉亦晝夜泝流而上，湖廣兵先後集鎭遠界。元生遣古州鎭韓勳攻爕首逆各巢，又分兵三路：一由藁貢以通台拱，一由八弓援柳羅以通清江，一走都勻援八寨；而八寨協副將馮茂復誘殺降苗六百餘及頭目三十餘冒功，于是苗逃歸者，播告徒黨，詛盟益堅，多手刃妻女而後出抗官兵。陷青溪縣城，而清江之柳羅、都勻之丹江，自春夏被圍半載，糧盡援絕，九閱月圍始解。

張照奉命赴苗疆，且令察其利害。照至沅州、鎮遠，則密奏改流非策，致書諸將，首倡棄地之議，且祖董芳，專主招撫，與哈元生齟齬。楚、粵官兵皆隸芳麾下。旋議分地分兵，施秉以上用滇、黔兵，隸元生；施秉以下用楚、粵兵，隸董芳。于是已進之兵，紛紜改調互換，而哈元生、董芳遂欲將村寨道路盡畫上下界，文移辨論，致大兵雲集數月，曠久無功，賊乘間復出焚掠，清平、黃平、施秉間紛紛告警。當是時，中外畏事者，爭咎前此苗疆之不當闢，目前苗疆之不可守，全局幾大變。

八月，召張照、德希壽還。十月，授張廣泗七省經略，哈元生以下咸受節制。旋逮張照、董芳、哈元生及元展成治罪。廣泗奏言：「張照等所以無功者，由分戰兵守兵爲二，而合生苗、熟苗爲一也。兵本少而復分之使單，賊本衆而復毆之使合。且各路首逆，自古州敗退，咸聚於上下九股、清江、丹江、高坡諸處，皆以一大寨領數十百寨，雄長號召，聲勢犄角，我兵攻一方，則各方援應，彼衆我寡，故賊日張，兵日挫。爲今日計，若不直擣巢穴，殲渠魁，潰心腹，斷不能渙其黨羽，惟有暫撫熟苗，責令繳凶獻械，以分生苗之勢。而大兵三路同擣生苗逆巢，使彼此不能相救，則我力專而彼力分，以整擊散，一舉可滅，而後再懲從逆各熟苗，以期一勞永逸。」廣泗乃調全黔兵集鎮遠，以通雲、貴往來大路。以精兵四千餘攻上九股，四千餘攻下九股，而自統五千餘攻清江下流各寨，是冬，刻期並舉。

乾隆元年春，復增兵分八路排剿抗拒逆寨，遺孽盡竄牛皮大箐。箐圜苗巢之中，盤亙數百里，北丹江，南古州，西都勻、八寨，東清江、台拱，危巖切雲，老樾蔽天，霧雨冥冥，蛇虺所國，雖近地苗蠻，亦無能悉其幽邃，故首逆諸苗咸藪伏其中，恃官兵所萬不能至，俟軍退復圖出沒。廣泗檄諸軍分扼箐口以坐困之，又旁布奇兵箐外以截遁逸，如阹獸網魚，重重合圍，以漸進偪。自四月至五月，將士犯瘴癘，冒榛莽，靡奧不搜，靡險不剔，並許其黨自相斬捕除罪。由是憝魁罔漏，俘馘萬計，其飢餓顚隕死崖谷間者，不可計數。六月，復乘兵威搜剿附逆熟苗，分首惡、次惡、脅從三等，涉秋徂暑，先後埽蕩，共燬除千有二百二十四寨，赦免三百八十有八寨，陣斬萬有七千六百有奇，俘二萬五千有奇，獲銃礮四萬六千五百有奇，刀矛弓弩標甲十有四萬八千有奇。宥其半俘，收其叛產，設九衞，屯田養兵戍之。詔盡豁新疆錢糧，永不徵收，以杜官胥之擾。其苗訟仍從苗俗處分，不拘律例。以廣泗總督貴州兼管巡撫事，世襲輕車都尉。自是南夷遂不反。

五年夏，湖南靖州、武岡瑤，城步橫嶺苗，與廣西瑤同叛。總督班第使鎮筸總兵劉策名以兵五千進剿，以五千應援，詔廣泗復以欽差大臣節制軍務。先後斬馘五千餘，俘五千餘，于十二月班師。

鄂爾泰卒于乾隆十年，以開闢西南夷功，配享太廟。

後乾隆六十年，松桃苗變；及咸豐二年，教匪變，煽及苗疆，同治十二年方定。然非土司肇事，故不錄。

貴陽府：

中曹長官司，在府南十五里。明洪武三年，以謝石寶爲長官司。傳至謝正倫，清順治十五年，歸附，仍准世襲。

副司，劉氏，清雍正七年，於土權疊害案內改流官。

養龍長官司，在府北二百二十里。明洪武五年，以蔡普爲長官司。傳至蔡瑛，清康熙八年，歸附，准世襲。

白納長官司，在府南七十里。元爲白納縣，尋改。明初，以周可敬爲長官司。傳至周爾齡，清順治十五年，歸附，仍准世襲。

副長官。趙啓賢同。

虎隆長官司，在府東六十里。明洪武三年，以宋瑠爲長官司。傳至宋繼棨，清順治十六年，歸附，仍准世襲。

定番州

程番長官司，唐末，程元龍平定溪洞，世守程番。元改給安撫司印。明洪武四年，改授程番長官司。傳至程民新，清順治十五年，歸附，仍准世襲。

上馬橋長官司，在州北二十里。自唐末方定遠開疆，明洪武四年，改授長官司。傳至方維新，清順治十五年，歸附，仍准世襲。

小程番長官司，在州北五里。始自唐末程鸞。明洪武四年，改授小程番長官司。傳至程登雲，清順治十五年，歸附，仍准世襲。

盧番長官司，在州北五里。始自唐末盧君聘。元置羅番靜海軍安撫司。明洪武四年，改授盧番長官司。傳至盧大用，清順治十五年，歸附，仍准世襲。

方番長官司，在州南十里。始唐末方德。明洪武四年，改授方番長官司。傳至方正綱，清順治十五年，歸附，仍准世襲。

韋番長官司，在州南五里。唐韋四海守此土。明洪武四年，改授韋番長官司。傳至韋璋，清順治十五年，歸附，仍准世襲。

臥龍番長官司，在州南十五里。唐時，龍德壽據此。明洪武四年，改授臥龍番長官司。傳至龍國瑞，清順治十五年，歸附，仍准世襲。

小龍番長官司，在州東南二十里。唐時，龍方靈據此。明洪武四年，改授小龍番長官司。傳至龍象賢，清順治十五年，歸附，仍准世襲。

金石番長官司，在州東二十五里。唐時，石寶據此。明洪武四年，改授金石番長官司。傳至龍如玉，清順治十五年，歸附，仍准世襲。

羅番長官司，在州南三十里。始自唐時龍應召。明洪武四年，改授羅番長官司。傳至龍從雲，清順治十五年，歸附，仍准世襲。

大龍番長官司，在州東三十里。始於唐時龍昌宗。明洪武四年，改授大龍番長官司。傳至龍登雲，清順治十五年，歸附，仍准世襲。

木瓜長官司，在州西七十里。始於元時石期璽。明洪武八年，改授木瓜長官司。傳至石玉林，清順治十五年，歸附，仍准世襲。

副長官，始於元時顧德。明洪武八年，改授木瓜副長官。傳至顧大維，清順治十五年，歸附，仍准世襲。

麻響長官司，在州西七十五里。明洪武十年，以得玉思爲麻響長官司。傳至得志，清順治十五年，歸附，仍准世襲。

開州

乖西長官司，在州東六十里。始於唐時楊立信。明洪武四年，改授乖西長官司。傳至楊瑜，清順治十五年，歸附，仍准世襲。

副長官，始於唐時劉起昌。傳至劉國柱，清順治十五年，歸附，仍准世襲。

龍里縣

大谷龍長官司，在縣西北。始於元時宋國。明洪武十三年，授大谷龍長官司。傳至宋之尹，清順治十五年，歸附，仍准世襲。

小谷龍長官司，在縣東北。元時，宋幕授小谷龍安撫司。明嘉靖十一年，改授長官司。傳至宋景運，清順治十五年，歸附，仍准世襲。

貴定縣

平伐長官司，在縣南。唐時李保郎，以征南功授安撫司。明洪武十五年，改授平伐長官司。傳至李世蔭，清順治十五年，歸附，仍准世襲。

大平伐長官司，在縣南三十里。後漢昭烈時，宋隆豆征南有功，世守茲土。明洪武四年，改授宋臣爲大平伐長官司。傳至宋世昌，清順治十五年，歸附，仍准世襲。

小平伐長官司，在縣南三十里。唐時宋忠宜，以功授招討司。明洪武四年，改授小平伐長官司。傳至宋天培，清順治十五年，歸附，仍准世襲。

新添長官司，在縣東北。唐時，宋景陽據此。明洪武四年，改授新添長官司，屬新添衞。傳至宋鴻基，清順治十五年，歸附，仍准世襲。康熙十年，改隸貴定縣。

羊場長官司，在縣東北。明洪武三十二年，以郭九齡爲羊場長官司。傳至郭天章，清順治十五年，歸附，仍准世襲。

修文縣

底寨長官司，唐時，蔡興隆調征黑羊，授護國將軍，留守茲土。明洪武四年，改授底寨長官司。傳至蔡啓理，清順治十五年，歸附，仍准世襲。

副長官，始自唐時梅天祿。明洪武四年，准世襲。傳至梅朝聘，清順治十五年，歸附，仍襲舊職。

安順府：

普定縣

西堡副長官。明洪武十二年，溫伯壽以平苗功，授西堡副長官。傳至溫捷桂，清順治十五年，歸附，仍准襲職。

鎮寧州

康佐副長官。明永樂六年，于成以功授康佐副長官。傳至于應鵬，清順治十五年，歸附，仍准襲職。

永寧州

頂營長官司，在州南一百里。明洪武十六年，羅錄以功授頂營長官司。傳至羅洪勳，清順治十五年，歸附，仍准襲職。

募役長官司，在州西一百七十里。明洪武十九年，阿辭以功授募役長官司。傳至阿更，永樂元年，賜姓禮，更名山。傳至阿廷試，清順治十五年，歸附，仍准襲職。

沙營長官司，明洪武十四年，沙先以功授沙營長官司。傳至沙裕先，清順治十五年，歸附，仍准襲職。

盤江土巡檢。明洪武八年，李當以功授盤江巡檢。傳至李桂芳，清順治十五年，歸附，仍准襲職。

平越州

楊義長官司，在州東八十里。始於唐時金密定。明洪武二十一年，改授楊義長官司。

傳至金榜，清順治十五年，歸附，仍准襲職。

黃平州

巖門長官司，在州東北。明成化六年，何清以征苗有功，授凱里安撫司左副長官。萬曆四十二年，改屬黃平州。傳至何仕洪，清順治十五年，歸附，改授巖門長官司，世襲。

重安司土吏目，在州西三十里。明洪武八年，以張佛寶、馮鐸爲正、副長官司。萬曆二十七年，改土吏目。傳至張威鎮，清順治十五年，歸附，仍准襲職。

甕安縣

草塘司土縣丞。明洪武二十五年，以宋邦佐爲草塘安撫司。傳至世寧，萬曆二十九年，改授土縣丞。傳至宋運鴻，清順治十五年，歸附，仍准襲職。

甕水司土縣丞，在縣西北。明洪武十七年，以猶恭爲安撫司。萬曆中，改授土縣丞。傳至猶登第，清順治十五年，歸附，仍准襲職。

餘慶縣

土縣丞。唐毛巴有功，授餘慶土知府。明洪武二年，改長官司。萬曆二十九年，改爲土縣丞。傳至毛鵬程，清順治十五年，歸附，准襲前職。

土主簿。元楊正寶有功，授白泥司副長官。明萬曆二十四年，改爲土主簿。傳至楊璟，清順治十五年，歸附，仍襲前職。

都勻府：

都勻長官司，在府南七里。明洪武十六年，以吳賴爲都勻長官司。傳至吳玉，清順治十五年，歸附，准襲前職。

副長官。王應祖，同。

邦水長官司，在府西二十里。明永樂六年，以吳珊爲邦水長官司。傳至吳昌祚，清順治十五年，歸附，仍准襲職。

麻哈州

樂平長官司，在州北四十里。明洪武年間，授宋仁德爲樂平司正長官。傳至宋治政，清順治十五年，歸附，仍襲前職。

平定長官司，在州北一百里。明洪武十年，授吳忠平定長官司。傳至吳士爵，清順治十五年，歸附，仍襲前職。

獨山州

土同知。明洪武十六年，以蒙聞爲九姓獨山長官司，以境有九姓蠻爲名。弘治八年，改土同知。傳至蒙一龍，清順治十五年，歸附，仍襲前職。

豐寧上長官司，在州南一百二十里。明洪武二十三年，以楊萬八爲豐寧上長官司。傳至楊懋功，清順治十五年，歸附，仍准世襲。

豐寧下長官司，在州東南二百四十里。明洪武二十三年，以楊萬全爲豐寧下長官司。傳至楊威遠，清順治十五年，歸附，仍准世襲。

爛土長官司，在州東一百十里。明洪武二十四年，以張鈞爲爛土長官司。傳至張威遠，清順治十五年，歸附，仍准世襲。

凱里司。楊氏，清康熙四十五年，以土酋大惡案內改土歸流，入清平縣。

鎭遠府：

土同知。宋時，何永壽以功授高丹峒正長官司。明洪武三年，授何濟承爲鎭遠州土同知。傳至何大昆，清順治十五年，歸附，仍准世襲。

土通判。宋時，楊從禮。明正統四年，改授楊瑄鎭遠州土通判。傳至楊龍圖，清順治十五年，歸附，仍准世襲。

土推官。宋時，楊載華。明正統十一年，改授楊忠鎭遠州土推官。傳至楊秀瑋，清順治十五年，歸附，仍准世襲。

偏橋長官司，在府城西六十里。宋時，安崇誠。明洪武三年，改授安德可爲偏橋長官司。傳至安顯祖，清順治十五年，歸附，仍准世襲。

左副長官，楊通聖；右副長官，楊毓秀：均同。

鎭遠縣

卭水長官司，在縣東八十里。明洪武元年，授楊昌盛爲卭水長官司。傳至楊勝梅，清順治十六年，歸附，仍准世襲。

副長官。袁洪遠，同。

思南府：

隨府辨事長官司。宋時，田二鳳。明洪武五年，改思南宣慰司。永樂十一年，改授隨府辨事長官司。傳至田仁溥，清順治十七年，歸附，仍准世襲。

蠻夷長官司，在府城西。宋時，安仲用。明洪武二十九年，改授蠻夷長官司。傳至安于磐，清順治十七年，歸附，仍准世襲。

副長官。李際明，清順治十七年，歸附，仍准世襲。雍正八年，李慧緣事革職。

沿河祐溪長官司，在府北二百十里。元時，張仲武以功授長官司。傳至張承祿，清順治十五年，歸附，仍准世襲。

副長官。冉鼎臣，同。

朗溪長官司，在府東八十里。元時，田穀。明洪武元年，授朗溪長官司。傳至田養民，清順治十五年，歸附，仍准世襲。

副長官。任進道，同。

安化縣

土縣丞。元時，張坤元。明萬曆三十三年，改授土縣丞。傳至張試，清順治十八年，歸附，仍准世襲。

土巡檢。明洪武七年，以陸公閔爲土巡檢。傳至陸陽春，清順治十五年，歸附，仍准世襲土百戶。久改流。

印江縣

土縣丞。元時，張恢留此。明嘉靖七年，改授土縣丞。傳至張應璧，清順治十五年，歸附，仍准世襲。

婺川縣

土百戶，改流。

石阡府：

石阡正長官司。清雍正八年，改土歸流。

副長官，在府城西北。元時，楊九龍以功授石阡副長官。明洪武五年，仍之。傳至楊敬勝，清順治十五年，歸附，亦准世襲。

苗民長官司，在府城西北。明洪武十年，立。清康熙四十三年，改土歸流。

思州府：

都坪長官司，在府城內。元何清授定雲路總管。明洪武七年，改授都坪長官司。傳至何學政，清順治十五年，歸附，仍准世襲。

副長官。周如，同。

都素長官司，在府西九十里。明永樂十一年，置長官司於馬口寨。傳至何起圖，清順治十五年，歸附，仍准世襲。

副長官。周之龍，同。

黃道長官司，在府東北一百二十里。明洪武五年，以黃文聰爲長官司。傳至黃金印，清順治十五年，歸附，仍准世襲。

副長官。黃士元，同。

施溪長官司，在府北一百四十里。明洪武五年，以劉貴爲施溪長官司。傳至劉師光，清順治十五年，歸附，仍准世襲。

銅仁府：

省溪長官司，在府西一百里。明洪武五年，以楊政爲省溪長官司。傳至楊秀銘，清順治十五年，歸附，仍准世襲。

副長官。戴子美，同。

提溪長官司，在府西一百四十里。明洪武五年，以楊秀纂爲提溪長官司。傳至楊通正，清順治十五年，歸附，仍准世襲。

副長官。張體泰，同。

烏羅長官司，在府西二百里。始自唐時楊通孫。明洪武五年，改授烏羅長官司。傳至楊洪基，清順治十五年，歸附，仍准世襲。

副長官。冉天奇，同。

平頭長官司，在府北一百二十里。明洪武二十九年，改授楊正德爲平頭長官司。傳至楊昌續，清順治十五年，歸附，仍准世襲。

副長官。田茂功，同。

黎平府：

潭溪長官司，在府西南三十里。明洪武四年，以石平禾爲潭溪長官司。傳至石玉柱，清順治十五年，歸附，仍准世襲。

副長官。石巖，同。

八舟長官司，在府北八十里。漢吳昌祚以功授八舟長官司。明洪武四年，仍令吳氏世襲。傳至吳遇主，清順治十五年，歸附，亦准襲職。

龍里長官司，在府西北九十里。明洪武四年，以楊光福爲龍里長官司。傳至楊勝梯，清順治十五年，歸附，仍准襲職。

中林長官司，在府西北一百里。明洪武五年，以楊盛賢爲中林長官司。傳至楊應詔，清順治十五年，歸附，仍准襲職。

古州長官司，在府西北八十里。元置古州八萬洞長官司，屬思州宣撫司。明洪武五年，以楊秀茂爲古州長官司。永樂十年，屬府。傳至楊雲龍，清順治十五年，歸附，仍准襲職。

新化長官司，在府北六十里。元時，歐陽明萬以功授軍民長官司。明洪武五年，仍襲前職。傳至歐陽瑾，清順治十五年，歸附，仍准世襲。

歐陽長官司，在府北九十里。明洪武四年，以陽都統爲歐陽長官司。傳至陽運洪，清順治十五年，歸附，仍准世襲。

副長官。吳登科，同。

亮寨長官司，在府北一百里。元置。明洪武四年，以龍政忠爲本司長官司。傳至龍文炳，清順治十五年，歸附，仍准襲職。

湖耳長官司，在府東北一百二十里。明洪武四年，以楊再祿爲本司長官司。傳至楊通乾，清順治十五年，歸附，仍准襲職。

副長官。楊大勳，同。

洪州長官司，在府東一百五十里。元置洪州泊里等洞軍民長官司。明洪武五年，以李氏爲洪州長官司。傳至李煦，清順治十五年，歸附，仍准襲職。

副長官。林起鵬，同。

分管三郎司，在府南三十里。楊世勳襲。清康熙二十三年，改土歸流。

赤谿湳洞司，在府東北二百六十里。楊鳴鸞襲。清康熙二十三年，改土歸流。

水西宣慰司：康熙三年，吳三桂滅安坤，改設四府。二十一年十二月，諭大學士曰：「吳三桂未叛時，征討水西，曾滅土司安坤，其妻祿氏奔於烏蒙，後生子安世宗。朕觀平越、黔西、威寧、大定四府原屬苗蠻，以土司專轄，方爲至便。大兵進取雲南，祿氏曾前接濟，著有勤勞，仍復設宣慰使，令世宗承襲。」四十年，總督王繼文以土司安世宗爲吏民之害，仍請停襲，地方歸流官管轄。

清史稿卷五百十六

列傳三百三

土司五

廣西

廣西爲西南邊地。秦，桂林郡。漢，始安。唐，桂管。宋，靜江府。元，靜江路。明建廣西省。猺、獞多于漢人十倍，盤萬山之中，踞三江之險。明時，因元之舊，多設土司，以資鎮壓。叛服不常，韓雍之定藤峽，王守仁之撫田州，沈希儀、俞大猷之戰功，殷正茂、翁萬達之成績，僅得勘定。淸朝，廣西莠民四起，土司獨安靖無事。鄂爾泰經略三省，革泗城土府岑映宸職，割江北地隸貴州。雍正六年八月，首討思陵州之八達寨，扼其餉道，屯兵二三里外，量大礮所能及，漸轟進偪。賊窘急，斬土目顏光色兄弟以獻，尙閉寨不出，遂爲官兵所燬。八年，復檄討思明土府所屬之鄧橫寨，三路進攻，一鼓而克。於是遠近土目爭繳軍器二萬餘。巡邊所至，迎匿千里，三省邊防皆定。

慶遠府：秦，象郡。漢，交阯、日南二郡界。唐置粵州，天寶初，改龍水郡；乾元中，更宜州。宋升慶遠軍節度，咸淳初，改慶遠府。元爲慶遠路。明仍改慶遠府。清因之。

東蘭土州，在府西南。宋置蘭州，以韋氏世襲。元改東蘭州。明因之。傳至韋光祚，清順治初，歸附，予舊職，雍正七年，改設流官知州。

忻城土縣，在府南。宋慶曆間，隸宜州。元以莫保爲八仙屯千戶。明洪武初，設流官。後仍任土官，以莫氏世襲。傳至莫猛，清順治九年，歸附，仍准襲職。

南丹土州，在府西北。宋開寶初，土官莫洪豐內附；元豐三年，置州，管轄諸蠻。明洪武初，莫金納土。金叛被誅，以金子祿襲。傳至莫自乾，清順治九年，歸附，仍准襲職。

那地土州，在府西。宋熙寧初，土人羅世念來降；崇寧間，遂置地、那二州，以羅氏世知地州。元仍之。明洪武元年，土官羅黃貌附，詔幷那、地爲一州，予印授，黃貌世襲，以流官吏目佐之。傳至羅德壽，清順治九年，歸附，仍准世襲。

永順正土司，在府西南。明設土司，弘治間，以鄧文茂爲之。傳至鄧世廣，清順治九年，歸附，仍准世襲。

副土司。彭希聖，同。

永定土司，在府西南。明成化十二年，設土司，以韋萬秀爲之。傳至韋盛春，清順治九年，歸附，仍准世襲。

思恩府：古百粤。漢屬交阯。唐天寶元年，改爲橫山郡。元置田州路軍民總管府。明正統五年，升爲思恩府。弘治末，改流官，清因之。

上林土縣，在府西南二百七里。宋置，隸橫山寨。元屬田州。明洪武二年，以黃嵩爲土知縣，仍屬田州；嘉靖初，改隸思恩軍民府，佐以流官典史。傳至黃國安，清初，歸附，仍襲舊職。

白山土司，在府東北。宋皇祐間，隨狄青有功，世襲土舍。明嘉靖七年，以王受明爲白山土巡檢。傳至王如綸，清初，歸附，仍襲舊職。

興隆土司，在府東北八十里。明嘉靖七年，以韋貴爲土巡檢。傳至韋萬安，清順治十七年，歸附，仍准世襲。

那馬土司，在府西北九十里。明嘉靖七年，以黃理爲土巡檢。傳至黃天倫，清初，歸附，仍准世襲。

定羅土司，在府西一百四十里。明嘉靖七年，以徐伍爲土巡檢。傳至徐朝佐，淸初，歸附，仍准世襲。

舊城土司，在府西北一百二十里。明嘉靖七年，以黃集爲土巡檢。傳至黃世勳，淸初，歸附，仍准世襲。

下旺土司，在府西二百十里。明嘉靖七年，以韋良保爲土巡檢。傳至韋際紘，淸初，歸附，仍准世襲。

安定土司，在府北。明嘉靖七年，以潘良爲土巡檢。傳至潘應璧，淸初，歸附，仍准世襲。

都陽土司，在府西北六百里。明嘉靖七年，以黃留爲土巡檢。傳至黃宏會，淸初，歸附，仍准世襲。

古零土司，在府東。明嘉靖七年，以覃益爲土巡檢。子文顯，征大藤峽有功，加千總。傳至覃恩錫，淸初，歸附，仍准世襲。

田州土州，在府西四百五十里。唐天寶元年，橫山郡。乾元元年，改爲田州。宋屬橫山寨。元置田州路軍民總管府。明改田州府，尋復爲州。嘉靖九年，以岑芝主田州。傳至岑漢貴，淸順治初，歸附，仍准世襲。近改百色直隸廳，置流官。

歸順州，舊爲峒。元隸鎭安路。明因之。弘治年間，升爲州，以岑瑛爲知州，世襲，改隸思恩府。傳至岑繼綱，淸順治初，歸附，仍予舊職。雍正七年，改隸鎭安府。八年，巡撫金鉷以土司岑佐不法狀題參，革職改流。

泗城府：古百粤地。宋置泗城州。元屬田州路。明隸思恩府。洪武初，以岑善忠爲知府，世襲。傳至岑繼祿，淸順治十五年，歸附，隨征滇、黔有功，改爲泗城軍民府。繼祿死，子齊岱襲。齊岱傳子映宸。雍正五年，映宸以罪參革，改設流官。

下雷州。元屬鎭安路。明初，降爲峒。萬曆三十二年，許應珪以軍功復職。傳至許文明，淸順治初，歸附，仍襲舊職。

向武州。宋置，隸橫山寨。元隸田州路。明初，以黃世威爲知州。傳至黃嘉正，淸順治初，歸附，仍襲舊職。

都康州。宋置，隸橫山寨。元屬田州路。明隸思恩府，以馮斌爲知州。傳至馮太乙，淸順治九年，歸附，仍襲舊職。

南寧府：唐邕州也。元，邕州路，泰定中，改南寧路。明置南寧衞，後改府。淸因之。

果化土州。宋置。元屬田州路。明洪武二年，授土官趙榮爲知州。弘治中，改隸南寧。傳至趙國鼎，清初，率衆歸附，仍襲舊職。

歸德土州，在府西。其先黃氏。宋征交阯有功，建歸德州。明洪武二年，以黃隍城爲知州。傳至黃道，清初，歸附，仍襲世職。

忠州土州，在府西南一百九十里。宋置。明洪武二年，以黃威慶爲土知州。傳至黃光聖，清順治初，歸附，仍予世職。

遷隆峒，在府西南二百四十里。明洪武元年，以黃威鋆爲土官，以失印廢爲峒，降巡檢。傳至黃元吉，清初，歸附，仍予世職。

太平府：漢屬交阯。唐爲羈縻州。宋平嶺南，置五寨，一曰太平，領州縣。元置太平路。明洪武二年，改爲太平府。清因之。

太平州，在府西北。明洪武二年，以李以忠爲知州。傳至李開錦，清順治十六年，歸附，仍予世職。

鎭遠州，在府東北。舊名古隴。宋置州。元隸太平路。明亦屬太平路。明初，以趙昂升爲知州。傳至趙秉義，清順治十六年，歸附，仍予世職。

茗盈州，在府北。宋置。元屬太平路。明初，以李鐵釘爲知州。傳至李應芳，清順治十六年，歸附，仍予世職。

安平州，舊名安山，在府西北。唐置波州。宋設安平州。元隸太平路。明洪武初，以李郭祐爲知州，使守交阯各隘。傳至李長亨，清順治十六年，歸附，仍准世襲。

萬承州，在府東北，舊名萬陽。唐置萬承、萬形二州。宋省萬形隸太平寨。元屬太平路。明洪武初，以許郭安爲知州。傳至許嘉鎮，清順治十六年，歸附，仍予世職。

全茗州，在府北，舊名連岡。宋置，隸邕州。元屬太平路。明洪武初，以許添慶爲知州，給印。傳至許家麟，清順治十六年，歸附，仍予世職。

結安州，在府東北，舊名營周。宋置結安峒。元改州，屬太平路。明洪武元年，以張仕榮爲知州。傳至張邦興，清順治十六年，歸附，仍予世職。

龍英州，在府北，舊名英山。宋爲峒。元改州，屬太平路。明洪武二十二年，以趙世賢爲知州，給印。傳至趙蔭昌，爲族人繼祖所殺。清順治十六年，歸附，誅繼祖。蔭昌無子，以邦顯子廷耀襲。

佶倫州，在府東北，舊名邦兜。宋置安峒，隸太平寨。元改州，屬太平路。明洪武二年，以馮萬傑爲知州。傳至馮嘉猷，清順治十六年，歸附，仍予世襲。

都結州，在府東北。元屬太平路。明洪武三年，以農武高爲知州。傳至農廷封，清順治十六年，歸附，仍予世襲。

上下凍州，在府西。宋置凍州。元分凍州爲上凍、下凍二州。明隸太平府，洪武元年，以趙帖從爲知州。傳至趙長亨，清順治十六年，歸附，仍予世襲。

恩城州，在府西北。唐置。宋分上下恩城二州。元屬太平路。至正間併爲一。明洪武元年，以趙雄傑爲知州。傳至趙貴炫，清順治十六年，歸附，仍予世襲。

羅陽土縣，在府東，舊名福利。宋置，隸遷隆寨。元屬太平路。明隸太平府，明初，以黃宣爲知縣。傳至黃啓祥，清順治十六年，歸附，仍予世襲。

思陵州。宋置州，隸永平寨。元屬思明路。明初，省入思明府，後復建，仍隸太平府；洪武二十一年，以韋延壽爲知州。傳至韋懋選，清順治十六年，歸附，仍予世襲。

思明州。唐置，屬邕州。宋隸太平寨。元改思明路。明爲府，洪武元年，以黃忽都爲知府。傳至黃戴乾，清順治十六年，歸附，仍予舊職。黃觀珠襲。以安馬、洞郎等五十村改流，隸南寧。明降府爲州，移治伯江哨。雍正十年，五十村目怨觀珠，殺觀珠嬖人，欲因以謀不靖。太平知府屠嘉正、新太協副將崔善元安定之。觀珠以罪參革，改流。又思明州與思明府本兩地，土官亦黃姓，於康熙五十八年改流。

下石西州，在府西二百十里。宋閉鴻爲知州。明初，仍給世襲。傳至閉承恩，清初，歸附，仍襲舊職。

上石西州。明崇禎間，併入本府。清雍正十二年，改隸明江同知。

上龍司。漢屬交阯。唐置龍州。宋隸邕州。元大德中，改爲萬戶府。明初，屬太平。洪武八年，改直隸州，尋改隸太平。以土官趙帖堅襲知州，以流官吏目佐之。其後事具明史。傳至趙有涇，爲庶兄有濤所殺。有涇子國樑愬父寃，有濤逃入交阯。清平廣西，更名趙祿奇，自交阯逃回歸附，仍予舊職。死，傳子廷楠。時國樑父寃旣白，應襲，而廷楠拒之；國樑復出奔，適雲南煽動，遂率賊兵破州城，殺廷楠。未幾撲滅。而廷楠無子，乃以庶支趙元基孫國桓襲。傳子殿灴，雍正三年，以貪殘參革，析其地爲上龍司、下龍司；改設兩巡檢，以趙陞爲上龍司巡檢，趙墉爲下龍司巡檢。七年，趙墉以貪劣爲巡撫金鉷題參，以地歸太平通判兼攝。後改龍州廳。

憑祥州。宋爲憑祥峒，屬永平寨。元隸思明路。明洪武初，李昇內附，置憑祥鎭。永樂二年，置縣；成化八年，升州，以昇孫李廣寧爲知州。時又屬安南，仍歸明，屬太平府。傳至李維藩，清順治十六年，歸附，仍予世襲。

江州。宋置，屬古萬寨。元隸思明路。明因之，洪武初，以黃威慶爲知州。傳至黃廷傑，清順治十六年，歸附，仍襲舊職。

鎭安府：在省西。宋時於鎭安峒建右江軍民宣撫司。元改鎭安路。明洪武元年，改府，授土官岑天保爲知府。清順治間，土官故絕，沈文崇叛據其地；十八年，發兵撲滅之。康熙二年，改置流官通判。雍正十年，改知府。

都康州。宋置，隸橫山寨。元屬田州路。明洪武三十二年，復置州。永樂初，以馮斌爲知州，隸思恩府。傳至馮太一，清順治九年，歸附，襲舊職。雍正七年，鎭安設府，改隸鎭安。

上映峒。宋置州。明初，廢爲峒，以許尙爵襲。傳至許國泰，清順治初，歸附，仍予舊職。

湖潤寨。宋時置州。明初，廢州爲寨，降巡檢司。傳至宗熙，清順治九年，歸附，仍給巡檢司印，世襲。

清史稿卷五百十七

列傳三百四

土司六

甘肅

甘肅，明時屬於陝西。西番諸衞、河州、洮州、岷州、番族土官，明史歸西域傳，不入土司傳。實則指揮同知、宣慰司、土千戶、土百戶，皆予世襲，均土司也。清改甘肅爲省，各土司仍其舊，有捍衞之勞，無悖叛之事。楊應琚曰：「按西寧土司計十六家，皆自明洪武時授以世職，安置於西、碾二屬。是時地廣人稀，城池左近水地，給民樹藝，邊遠旱地，賜各土司，各領所部耕牧。內惟土司陳子明係南人，元淮南右丞歸附，餘俱係蒙古及西域纏頭，或以元時舊職投誠，或率領所部歸命。李氏、祁氏、冶氏皆膺顯爵而建忠勳。迨至我朝，俱就招撫。孟總督喬芳請仍錫以原職世襲。今已百年，輸糧供役，與民無異。惟是生息蕃庶，所分田土多𩓥民間，與民錯雜而居，聯姻而社，並有不習土語者。故土官易制，絕不類蜀、黔諸土司桀驁難馴也。」今寧郡外亦有土弁，合紀其始末爲一卷。

狄道州：

脫鐵木兒，蒙古人。明初，授陝西平章宣慰使司都元帥，隨大將軍徐達招撫十八族鐵城、岷山等處，賜姓趙，更名安，授臨洮衞土官指揮同知。正統十年，卒，子英襲。傳至趙師范，清順治二年，底定隴右，師范率子樞勷歸附，仍令管理臨洮衞指揮使土司事務。同治元年，河回倡亂，趙壇領土兵防守州城。二年，壇赴洮州卓泥調撥鐵布番兵。適州城失守，敕書號紙均燬。四年，回匪圍鞏昌，壇赴陝甘大營請援，行至董家堡遇害。以兄子元銘爲繼。光緒二十年，襲職，領兵部號紙。二十一年，河回復叛，渡河攻城，元銘率土兵五百由抹邦河進剿。至城南川，適統領威定軍何建威拔狄道，亦至，遂會軍抵河州。何以元銘勇，委帶威定前營，駐城南黃家灘。於邊家灣、三家集、羅神廟等處屢捷，解河州圍，加二品銜勇號。趙氏世居檜柏莊。

河州：

何貞南，河州人。元授陝西平章宣慰使司都元帥。明初，投誠，賜姓何，授河州衞土官指揮。傳至何永吉，清順治二年，歸附。五年，回變，其子揚威帶兵有功，請給號紙世襲。至乾隆年，趙武襲。撒回叛亂，武同子大臣在老鴉、南岔等關防禦。四十九年，石峰堡之變，父子防禦盡職。嘉慶四年，教匪由川入甘，時武患病，委子大臣在南界景古城瞎歌灘防堵。同治二年，武玄孫何柄繼。兵火倏起，守城有勞，復獲渠魁李法正，賞戴花翎。光緒四年，襲職。

韓哈麻，元、明時，授河州衞土司。清初，歸附。乾隆十四年，河州發給土千戶委牌，子霆襲。四十六年，撒回猖獗，統兵固守。旋因修葺佛寺，違禁斥革。繼鹽茶回變，防禦有功，總督福康安給土司外委劄付。霆曾孫鈞，同治初，與賊接仗陣亡。子廷俊。同治十年，禦賊八峴山口，身先士卒，刀石弗避，左宗棠賞給養傷銀兩。又有韓完卜者，世襲指揮使。清初，歸附。其後韓千貫以劄印遺失，授爲外委土司。雍正間，韓世公因逆夷跳梁，把隘無失，仍授指揮使。雯卒，子成璘襲。乾隆四十六年，陣亡。咸豐十一年，韓廷佐襲。韓氏世居韓家集。

岷州：

馬紀，自云伏波將軍後裔。元至正間，因防守哈達川九族，授指揮使職，家岷州衞。子珍，明洪武間，以功授世襲土官百戶。清順治二年，馬國棟歸附，授原職。馬氏世居宕昌城。

后成，明鎮守指揮能之季子，景泰間，守禦洮州；成子璋，成化間，征烏斯藏有功，授世襲土官百戶。清初，后承慶內附，爲外委百戶。康熙三十年，劄委任事。乾隆九年，永慶孫發葵始實授土百戶。后氏世居攢都溝。

趙黨只管卜，岷州衞人。明洪武間，授世襲土官百戶。清初，趙應臣內附，爲外委土官。康熙二十一年，授其子之鼎原職。趙氏世居麻竜里。

以上三土司，所轄雖號土民，與漢民無殊，錢糧命盜重案，俱歸州治，土司不過理尋常詞訟而已。

后祥古子，岷州衞人。明洪武二十八年，以功授世襲土官百戶。清順治間，后希魁歸附，授外委百戶。希魁曾孫榮昌，實授土百戶。光緒初，后振興改襲土把總。后氏世居閭井東。

綽思覺，革那族生番也。明宣德間，授土官副千戶。傳至宏基，順治十六年，歸附，因事革配。康熙十四年，其堂弟宏元於吳逆之變，恢復洮、岷有功，靖逆侯張勇題敍，仍授世襲副千戶。二十九年，宏元子廷賢，雍正初，與黃番煽亂，改土歸流。

洮州廳：

岑的，洮州衞卓泥族番人。明永樂二年，率疊番、達拉等族投誠。十六年，授土官指揮僉事。正德間，玄孫旺秀調京引見，賜姓名楊洪。傳至楊朝樑，於順治十八年歸附，仍給劄管理土務，爲外委土司。康熙十四年，吳三桂亂，助餉，授拜他喇布勒哈番，准襲二次。二十年，朝樑子威襲。四十五年，威子汝松襲。汝松子冲霄，仍襲指揮僉事。五十一年，黑番爲亂，助剿有功。前山十八族、後山十九族黑番，俱給令管轄。曾孫宗業襲職。撒拉回變，以功賞三品頂戴花翎。四十九年，鹽茶回變，兩剿石峰堡，賞大緞二疋。嘉慶十九年，宗業弟宗基襲，兼攝禪定寺僧綱。宗基子元，道光二十四年襲。同治中，奉總督左宗棠檄，剿循屬撒匪，收復洮州新舊二城，歷奬至頭品頂戴、志勇巴圖魯。光緒六年，子作霖襲職，亦以軍功得頭品頂戴，領兵部號紙，兼攝護國禪師。日益誇大，小弱者割地以羇，遂幷有衆土司地。作霖曾孫積慶，光緒二十八年襲。楊氏世居卓泥堡，地最大，南至階文，西至四川松潘界，土司中最强者，自以爲楊業之裔。明正德賜姓之事，則已茫如矣。

昝南秀節，洮州衞底古族西番頭目。明洪武十一年，率部落投誠。十二年，督修洮州邊壕城池。十九年，隨指揮馬煜征疊州，以功授本衞世襲中千戶所百戶。子卜爾結，於洪武二十年襲。二十五年，同指揮李凱等招撫番、夷等，認納茶馬。永樂三年，賜姓昝。宣德五年，以護送侯顯功，陞本衞實授百戶。傳至昝承福，清順治十年，歸附。奉洮州衞軍民指揮使司劄付，昝天錫於光緒二十年承襲。昝氏居資卜族。

永魯劄剌肖，洮州衞著遜族番人，明永樂間，以功授土官百戶。傳至永子新，清順治間，歸附，襲職。永隆於光緒二十五年承襲。永氏居著遜隘口。

西寧縣：

祁貢哥星吉，元裔。初封金紫萬戶侯，世守西土。洪武元年，歸附。五年，招撫西番，授副千戶。以追剿西番亦林眞卉陣亡，子鎖南襲。永樂十年，從西寧侯宋琥追捕番酋老的罕等於討來川，予正千戶。傳至祁廷諫，襲職。崇禎十六年，闖寇賀錦擾西寧，廷諫率子興周與戰，斬錦。已而賊黨愈熾，並被俘送西安。清順治二年，英親王阿濟格至西安，破走逆闖，得廷諫，賞衣帽、鞍馬、綵緞、銀兩，令回西寧安撫番族，仍授本衞指揮使，世襲。十年，病休。興周先以戰功授大靖營參將，至是襲職。會吳逆叛，興周子荊璞隨總兵王進寶克復蘭州、臨鞏諸城。同治元年，撒回復亂，祁敍古防堵有功。十一年，爲土番拉莫丹所控，革職。

母李氏代理指揮使印。光緒十五年，以巡防功復職。祁氏世居寄彥才溝。

陳義，江蘇山陽人。父子明，元淮安右丞。至正二十三年，明常遇春兵至淮南，率衆投誠。洪武七年，隨李文忠北伐有功，授隨征指揮僉事。十六年，從征陣亡。義襲父職，調任燕山右護衞。靖難兵起，從燕王轉戰，陞山西潞州衞指揮同知。永樂元年，隨新城侯張輔征甘、涼。旋扈成祖征木雅失里，逐北至紅山口，遷指揮使。又從耿炳文駐防甘肅，授西寧衞世襲指揮使。崇禎初，陳師堯隨洪承疇守松山，陣亡。淸順治二年，陝西總督孟喬芳收甘肅，師堯弟師文歸附。五年，甘州回米喇印、丁國棟反，隨鎭羌參將魯典戰賊烏稍嶺，仍襲西寧衞指揮使。同治元年，撒回作亂，總督沈兆霖率師進勦，檄陳興恩守乩思觀。光緒四年，子迎春襲。陳氏世居陳家臺。

李文，西番人。父賞哥，元都督指揮同知。明洪武初，投誠。傳至李洪遠，襲指揮同知職。崇禎十六年，李自成黨陷甘州，獨西寧不下。賊將辛恩貴攻破之，洪遠與其妻祁氏暨家丁一百二十人死於難。淸順治七年，洪遠子珍品歸附，仍與原官。咸豐八年，李爾昌襲。同治元年，撒拉回作亂，隨大軍進勦，賞藍翎。李氏世居乞塔城。

納沙密，西番人。明洪武四年，投誠，授總旗。淸順治二年，納元標歸附，仍襲指揮僉事。同治元年，總督沈兆霖督軍進討撒回，納朝珍奉檄守南川什張加。光緒四年，朝珍子延年襲。納氏世居納家莊。

南木哥，姓汪氏，西寧州土人。明洪武四年，投誠。累除金吾左衞中衞所副千戶，加指揮僉事。傳至汪陞龍，清順治二年，歸附，仍襲指揮僉事。同治元年，撒回反，南進善隨大軍前赴巴燕戎格所屬曲林莊防剿。二年，西寧逆回悉叛，奉檄守府城。十一年，回亂平，招集流亡土民復業。光緒十九年，子祖述襲。汪氏世居海子溝。

吉保，西番人。洪武四年，投誠，授百戶。二十三年，調錦衣衞前所鎮撫。子朵爾只襲。清順治二年，吉天錫歸附。十二年，仍襲指揮僉事。吉氏世居乩迭溝。

循化廳：

韓寶元，撒拉爾回人。明洪武三年，投誠，授世襲昭信校尉管軍百戶職銜。傳至韓愈昌，清康熙間，歸附，蒙靖寧將軍張劄委都司職銜。子炳，撫番有功，於雍正間奉兵部號紙，襲土千戶，管西鄉上四工韓姓撒拉。

韓沙班，明時，撫番有功，授世襲撒拉族土百戶。清順治間，歸附，管東鄉下四工馬姓撒拉。乩藏土百戶王國柱，清順治二年，歸附，授原職，管番民。明時防戍小土司也。

大通縣：

曹通溫布，大通川人。乾隆元年，以功補大通川土千戶，世襲。每年應納貢馬二十四，共折銀一百七十三兩。後因回亂，番民逃亡，總督左宗棠咨部，暫以半價交納。由大通縣管理。

碾伯縣：

朶爾只失結，蒙古人。元甘肅行省右丞。明洪武四年，投誠。六年，授西寧衞指揮僉事。子端竹襲。旋調守西寧衞。建文元年，從南軍征北平，陣亡。子祁震襲，始以祁爲氏。祁秉忠，明史有傳。秉忠姪國屏，襲都指揮同知。崇禎十六年，流寇蹂西寧，力抗之。淸順治二年，歸附。五年，甘州回陷甘、涼、肅諸州，國屏隨總督孟喬芳進勦，復甘州。九年，授西寧衞世襲指揮同知。子伯豸襲。吳三桂反，平涼提督王輔臣叛應之。逆黨陷鞏昌、臨洮、蘭州，伯豸統各土司隨西寧鎭總兵王進寶東征，平蘭州，累官至鑾輿使。聖祖親征噶爾丹，仲豸扈從，擢署溫州鎭總兵，回籍以原官署理指揮同知印務。雍正元年，青海詧羅卜藏丹津叛，大將軍年羹堯檄祁在璿守大峽口。撒拉陷河州，璿姪調元率土兵守碾伯城。鹽茶回田五作亂，調元守魯班峽。同治元年，撒回作亂，調元曾孫承誥協同防禦。以勞疾卒，承誥妻劉氏護理印務。光緒十一年，子貴玉襲。祁氏世居勝番溝。

李南哥，西番人。自云李克用裔。元西寧州同知。明洪武初，投誠，授指揮僉事世襲。招撫流散，收捕黑章砸等處番賊。永樂五年，卒，子英襲。獲番酋老的罕，進都指揮僉事。二十二年，中官鄧成等使西域，道安定、曲先，遇賊見殺，掠所賫金幣。仁宗初立，諭赤斤、罕東及安定、曲先詰賊主名，而敕英與指揮康壽等進討。英言知安定指揮哈三孫散哥、曲先指揮散卽思實殺使者，遂率兵西入。賊驚走，追擊，踰崑崙山，深入數百里。至雅令闊，與安定賊遇，大敗之，俘斬千一百餘人，獲馬牛雜畜十四萬。曲先賊聞風遠遁，安定王桑爾加失夾等懼，詣闕謝罪。宣宗嘉英功，遣使褒諭宴勞之，令馳驛入朝。旣至，擢右府左都督。宣德二年，封會寧伯，祿千一百石，並贈南哥子爵。英恃功驕，所爲多不法。寧夏總兵史昭奏英有異志，英上章辯，賜敕慰諭之。英家西寧，招逋逃七百餘戶，置莊墾田，豪奪人產，復爲兵部及言官所劾，追逃者入官。傳至李天俞，闖寇餘黨踩湟中，天俞被執送西安，其家殉難者三百餘人。清順治二年，英親王阿濟格至關中，流寇潰散，天俞謁王，王賜衣冠、鞍馬、銀兩、彩緞，令回西寧招撫番族。五年，甘州回米喇印反。十年，授西寧衞指揮同知，世襲。吳三桂黨陷蘭州，總兵王進寶檄其子澍從征。澍與弟洽預調水夫五百餘名，各造木筏五十餘隻，由新城河口胥濟官軍，並率土兵千餘騎繼進，遂復蘭州、臨鞏諸城，擢遊擊。傳至李長年，光緒四年，襲職。李氏世居上川口。

趙朶爾，岷州人。元招藏萬戶。明洪武三年，投誠。傳至趙瑜，清順治二年，歸附。十八年，仍襲指揮同知。同治初，撒回不靖，總督沈兆霖進剿，檄趙永齡率土兵隨官軍搜剿山後巴燕戎格等處逆黨。光緒七年，永齡襲職。趙氏世居趙家灣。

失剌，蒙古人。元甘肅省郎中。明洪武初，投誠，選充小旗。子阿吉襲小旗，始以阿爲氏。扈成祖北征阿魯台，戰魁列兒河有功，遷總旗。傳至阿鎮，清順治二年，歸附，依舊世襲。同治四年，逆回陷老鴉堡，阿文選率土兵禦賊於隘，衆寡不敵，死之，部下殲焉。光緒九年，文選子保衡襲。二十年，保衡子成棟襲。阿氏世居老鴉白崖子。

帖木錄，西寧衞土人。元，百戶。洪武四年，投誠，授原職。子大都，從都督宋晟討西番叛賊，獲捷，遷千戶。永樂七年，卒，子甘肅襲職，始以甘爲氏。崇禎十六年，流寇擾西寧，甘繼祖家被掠，失承襲號紙。清順治二年，歸附。吳三桂逆黨延及隴右，繼祖子廷建率土兵三百守黃河渡口，復隨王進寶征討，隴右以安。敍功，襲指揮僉事原職。甘鍾英，光緒四年襲。甘氏世居美都川。

乩鐵木，西寧州土人。明洪武四年，投誠，充小旗。子金剛保，從成祖北征，追木雅失里不及，移征阿魯台，連戰於玄冥河、於靜慮鎮、於廣漢戎，皆有功。復從指揮李英討番酋老的罕於沙金城，大破之。二十年，再扈成祖北征，敗賊於魁列兒河，擢千戶。子朱榮襲職，始以朱爲氏。從都指揮李英追安定賊，與戰，深入，歿於陣。數傳至朱秉權，值明末流寇賀錦之亂，失官誥號紙。清順治二年，秉權偕子廷璋歸附。康熙四十年，仍授指揮僉事，世襲。數傳至朱協，同治四年，湟中羣回肆逆，協殉難。光緒十一年，協子廷佐襲。朱氏世居朱家堡。

薛都爾丁，西域纏頭回人。元，甘肅省僉事。明洪武四年，投誠，授小旗。子也里只補役，洪熙元年，從征安定賊有功，擢所鎮撫。子也陝拾襲。陝拾孫祥，更姓冶氏。順治二年，冶鼎歸附，仍予世襲。冶氏世居米拉溝。

李化鰲，明世襲西寧衞指揮同知化龍之弟，錦衣衞指揮使光先之次子。清順治二年，歸附，授職百戶。光緒十五年，李長庚襲。李氏世居九家巷。

朶力乩，西寧州土人。明洪武四年，投充小旗。子七十狗補役。孫辛莊奴，始以辛爲氏。清順治二年，辛偉鼎歸附，仍授試百戶職。同治四年，回亂湟中，堡塞俱燬，辛德成挈其子裕後避賊居藏地。光緒十二年，歸里。裕後襲。辛氏世居王家堡。

哈喇反，西寧州土人。明洪武四年，投充小旗。子薛帖里加替役，以功授百戶。子喇苦襲，以功陞副千戶，遂以喇爲氏。清順治二年，喇光耀歸附，給與指揮僉事劄付。喇氏世居喇家莊。

平番縣：

鞏卜失加，元裔。父脫歡，封武定王，兼平章政事。明洪武四年，率諸子部落投誠，太祖授鞏卜失加爲百夫長，俾統所部居莊浪，以功陞百戶。永樂初，殉阿魯台之難，傳子失加，累署莊浪衞指揮同知，賜姓魯氏。子鑑，鑑子麟，麟子經，三世名將，明史有傳。崇禎十年，以經曾孫印昌任西寧副總兵。及闖寇犯河西，印昌散家財享士卒，提兵至西大通，遇賊黨賀錦，揮兵奮戰，部卒殆盡，遂歿於陣。清順治十六年，印昌子宏歸附，襲指揮使，錫之敕印。宏卒，嫡子帝臣幼，以族人魯大誥代理土務。會吳逆叛，宏妻汪氏捐軍糧四百石。宏曾孫璠，乾隆四十六年，撒拉回攻圍蘭州，率土番兵三百人赴援，戰於亂古堆坪。賊悍甚，兵無後繼，璠負重傷，裹創力戰，竟突圍歸營。事聞，加一等職銜、花翎。鹽茶回復反，璠領土番兵防守蘭州城。道光六年，逆回張格爾犯邊，揚威將軍長齡進討，璠子紀勳奉檄購辦駝隻、運軍糧。九年，官兵進剿安集延，仍承辦駝隻。紀勳娶額駙阿拉善親王女，緣此習尙奢豪，盛極而衰。嫡孫如皐襲。咸豐初，如皐助軍餉。七年，省城修建錢局，捐本管山場木植數萬株，加二品頂戴、花翎。同治初，回亂，以功加副將銜。十三年，西寧肅清，加提督銜、譽勇巴圖魯。光緒十九年，如臯卒，子熹幼，母和碩特氏護土務。二十一年四月，熹嗣職。

魯氏自熹以上，世襲掌印土司指揮使，駐紮莊浪，分守連城。

把只罕，元武定王平章政事長男。明洪武四年，隨父來降，授指揮僉事，後賜姓魯氏。數傳至魯典，清順治二年，歸附。陝西總督孟喬芳嘉其功，委署鎭海營參將，隨大軍征剿。數傳至魯緒周。同治三年，回變，緒周率所部禦賊，陣亡，子熹襲職。光緒十一年，子服西襲職。自服西以上，世襲掌印土司指揮僉事。

魯鏞，元裔，與魯鑑同族。明時，以官舍隨征，授總旗。清順治二年，魯大誥隨魯希聖等歸附，仍授前職。光緒十九年，魯瞻泰襲。自泰以上，世居古城，襲土指揮使。

魯之鼎，與魯典同族。明時，世襲土指揮副使。清順治二年，隨典歸附。光緒十八年，魯維禮襲職。自維禮以上，世居大營灣，襲土指揮副使。

魯福，魯鑑次子。從鑑征討，屢立戰功。清順治二年，魯培祚隨魯典歸附。光緒十七年，魯應選襲職。世居西大通峽口，襲土指揮同知。

魯國英，元裔。明正千戶。清順治二年，魯大誠投誠，隨魯典剿甘、涼回逆，力戰陣亡。子景成，仍襲正千戶世職。光緒五年，魯福山襲。世居古城。

魯三奇，元裔。明世襲副千戶。清順治二年，三奇隨同族魯典歸附。光緒十六年。魯政襲職。世居馬軍堡。

西坪土官楊茂才，明正百戶。清順治二年，隨魯典投誠。數傳至楊得榮。同治中，逆回叛，得榮避難，不知所終。

西六渠土官何倫，明時，充小旗。清順治二年，何進功隨魯典歸附。數傳至何萬全。同治四年，捍禦逆回，創重而卒。子臣福襲。

楊國棟，明指揮同知。清順治二年，歸附。九年，復襲指揮同知。後無考。

魯察伯，明實授百戶。清初，歸附。康熙十六年，子魯襄，仍襲實授百戶。後無考。

海世臣，明指揮僉事。世臣子龍襲前職。清順治二年，海洪舟歸附。九年，仍襲指揮僉事。後無考。

清史稿卷五百十八

列傳三百五

藩部一

科爾沁　扎賚特　杜爾伯特　郭爾羅斯　喀喇沁　土默特

清起東夏，始定內盟。康熙、乾隆兩戡準部。自松花、黑龍諸江，迤邐而西，絕大漠，亙金山，疆丁零、鮮卑之域，南盡崑崙、析支、渠搜，三危既宅，至於黑水，皆爲藩部。撫馭賓貢，奠越漢、唐。屏翰之重，所以寵之；甥舅之聯，所以戚之；銳劉之衞，所以懷之；教政之修，所以宣之。世更十二，載越廿紀，虔奉約束，聿共盟會，奧矣昌矣。若夫元之戚垣，自爲風氣；明之蕃衞，虛有名字，蓋未可以同年而語。帶礪之盛，具見世表。茲綜事實，列之爲傳。揆文奮武，悅近來遠，疏附禦侮，可得大凡。末造顚頹，迺彰畔渙。盛衰得失，斯可鑒已。

科爾沁部，在喜峯口外，至京師千二百八十里。東西距八百七十里，南北距二千有百里。東扎賚特，西扎嚕特，南盛京邊墻，北黑龍江。

元太祖削平西北諸國，建王、駙馬等世守之，爲今內外扎薩克蒙古所自出。科爾沁始祖曰哈布圖哈薩爾，元太祖弟，今科爾沁六扎薩克，及扎賚特、杜爾伯特、郭爾羅斯、阿嚕科爾沁、四子部落、茂明安、烏喇特、阿拉善、青海和碩特，皆其裔。哈布圖哈薩爾十四傳至奎蒙克塔斯哈喇，有子二：長博第達喇，號卓爾郭勒諸顏；次諾捫達喇，號噶勒濟庫諸顏。

博第達喇子九：長齊齊克，號巴圖爾諾顏，爲土謝圖汗奥巴、扎薩克圖郡王布達齊二旗祖；次納穆賽，號都喇勒諾顏，爲達爾漢親王滿珠習禮、冰圖郡王洪果爾、貝勒棟果爾三旗祖；次烏巴什，號鄂特歡諾顏，見郭爾羅斯傳；次烏延岱科托果爾；次托多巴圖爾喀喇；次拜新；次額勒濟格卓哩克圖，裔不著；次愛納噶，號車臣諾顏，見杜爾伯特傳；次阿敏，號巴噶諾顏，見扎賚特傳。諾捫達喇子一，曰哲格爾德，爲扎薩克鎭國公喇嘛什希一旗祖。

蒙古強部有三：曰察哈爾；曰喀爾喀；曰衞拉特，卽厄魯特。明洪熙間，科爾沁爲衞拉特所破，避居嫩江，以同族有阿嚕科爾沁，號嫩江科爾沁以自別。扎賚特、杜爾伯特、郭爾羅斯三部與同牧，服屬于察哈爾。

太祖癸巳年，科爾沁台吉齊齊克子翁果岱，納穆賽子莽古斯、明安等，隨葉赫部台吉布齋，糾哈達、烏拉、輝發、錫伯、卦爾察、珠舍里、納殷諸部來侵，攻赫濟格城不下，陳兵古哷山。上親禦之，至扎喀路，諭諸將曰：「彼雖衆，皆烏合。我以逸待勞，傷其一二台吉，衆自潰。」命巴圖魯額亦都率百騎挑戰，葉赫諸部兵罷攻城來禦，逆擊之。明安馬蹶，裸而遁，追至哈達部柴河寨南，俘獲甚衆。戊申，征烏拉部，圍宜罕阿林城，翁果岱復助烏拉台吉布占泰，我師擊敗之。於是莽古斯、明安、翁果岱先後遣使乞好。

天命九年，翁果岱子奥巴率族來歸。尋爲察哈爾所侵，我援之，解圍去。天聰二年，會大軍征察哈爾。三年，從征明，克遵化州，圍北京。五年，圍大凌河，降其將祖大壽。六年，從略大同、宣府邊。八年，復從征明。

十年春，大軍平察哈爾，獲元傳國玉璽。奥巴子土謝圖濟農巴達禮偕台吉烏克善、滿珠習禮、布達齊、洪果爾、喇嘛什希、棟果爾，及扎賚特、杜爾伯特、郭爾羅斯、喀喇沁、土默特、敖漢、柰曼、巴林、扎嚕特、阿嚕科爾沁、翁牛特諸部長來賀捷。以上功德隆，宜正位號，遣朝鮮國王書，示推戴意。四月，合疏上尊號，改元崇德。禮成，敍功，詔科爾沁部設扎薩克五：曰巴達禮，曰滿珠習禮，曰布達齊，曰洪果爾，曰喇嘛什希，分領其衆，賜親王、郡王、鎭國公爵有差。十月，命大學士希福等赴其部，鞫罪犯，頒法律，禁姦盜，編佐領。二年，從征喀木尼堪部及朝鮮。三年，征喀爾喀。四年春，征索倫。秋，圍明杏山、高橋。八年，隨饒餘貝勒阿巴泰、護軍統領阿爾津征明及黑龍江諸部。

順治元年，偕扎賚特、杜爾伯特、郭爾羅斯兵隨睿親王多爾袞入山海關，走流賊李自成，追至望都。二年，隨豫親王多鐸定江南。三年，復隨剿蘇尼特叛人騰機思，敗喀爾喀土謝圖汗、車臣汗援兵。七年，科爾沁復設扎薩克一，以棟果爾子彰吉倫領之，由貝勒晉郡王爵。十三年，上以科爾沁及扎賚特、杜爾伯特、郭爾羅斯、喀喇沁、土默特、敖漢、柰曼、巴林、扎嚕特、阿嚕科爾沁、翁牛特、烏珠穆沁、浩齊特、蘇尼特、阿巴噶、四子部落、烏喇特、喀爾喀左翼、鄂爾多斯諸扎薩克歸誠久，賜敕曰：「爾等秉資忠直，當太祖、太宗開創之初，誠心歸附，職効屏藩。太祖、太宗嘉爾勳勞，崇封爵號，賞賚有加。朝覲貢獻，時令陛見，飮食敎誨，爲數甚多。凡有懷欲吐，俱得陳奏，心意和諧，如同父子。朕荷祖宗鴻庥，統一寰宇，恐于懿行有違，成憲未洽，恆用憂惕。親政以來，六年於茲，未得與爾等一見，雖因萬幾少暇，而懷爾之忱，時切朕念。每思爾等効力有年，功績卓著，雖在寤寐，未之有斁。誠以爾等相見既疎，恐有壅蔽，不能上通，故特遣官齎敕賜幣，以諭朕意。嗣後有所欲請，隨時奏聞，朕無不體恤而行。朕方思致天下於太平，爾等心懷忠藎，毋忘兩朝恩寵。朕世世爲天子，爾等亦世世爲王，享富貴於無窮，垂芳名於不朽，不亦休乎！」

康熙十三年，徵所部兵討逆藩吳三桂。十四年，剿察哈爾叛人布爾尼。先是科爾沁內附，莽古斯以女歸太宗文皇帝，是爲孝端文皇后。孫烏克善等復以女弟來歸，是爲孝莊文皇后。曾孫綽爾濟復以女歸世祖章皇帝，是爲孝惠章皇后。科爾沁以列朝外戚，荷國恩獨厚，列內扎薩克二十四部首。有大征伐，必以兵從，如親征噶爾丹，及剿策妄阿喇布坦、羅卜藏丹津、噶爾丹策凌、達瓦齊諸役，扎薩克等効力戎行，莫不懋著勤勞。土謝圖親王、達爾漢親王、卓哩克圖親王、扎薩克圖郡王四爵俸幣視他部獨增，非惟禮崇姻戚，抑以其功冠焉。所部六旗，分左右翼。土謝圖親王掌右翼，附扎賚特部一旗、杜爾伯特部一旗；達爾漢親王掌左翼，附郭爾羅斯部二旗，統盟於哲里木。右翼中旗駐巴顏和翔，左翼中旗駐伊克唐噶哩克坡，右翼前旗駐席喇布爾哈蘇，右翼後旗駐額木圖坡，左翼前旗駐伊岳克里泊，左翼後旗駐雙和爾山。爵十有七：扎薩克和碩土謝圖親王一；附多羅貝勒一；扎薩克和碩達爾漢親王一；附卓哩克圖親王一；多羅郡王二，一由親王降襲；多羅貝勒一；固山貝子一；輔國公四，一由貝子降襲；扎薩克多羅扎薩克圖郡王一；扎薩克多羅冰圖郡王一；扎薩克多羅郡王一，由貝勒晉襲；附輔國公一，由貝子降襲；扎薩克鎭國公一。左翼中旗扎薩克達爾漢親王滿珠習禮之玄孫色布騰巴勒珠爾，乾隆十一年三月尙固倫和敬公主。二十年，準噶爾之平，以功加雙俸，尋以阿睦爾撒納叛事，奪爵。二十三年，復封和碩親王。三十七年，與征金川，又以附富德劾阿桂，奪爵。四十年，復之。

四傳至棍楚克林沁，襲鎭國公，官至御前大臣，卒。其後左翼中旗輔國公二，左翼後旗輔國公一，均停襲。左翼後旗扎薩克多羅郡王僧格林沁，以軍功晉博多勒噶台和碩親王。同治二年，予世襲罔替。四年，以剿捻匪陣亡，自有傳。其旗增多羅貝勒一，輔國公二，皆以僧格林沁功。

僧格林沁子伯彥訥謨祜，初封輔國公。同治三年，晉貝勒。四年七月，襲博多勒噶台親王，爲御前大臣。十一月，命與左翼中旗扎薩克達爾漢親王索特那木朋蘇克等選馬隊剿奉天馬賊。五年二月，大破馬賊于鄭家屯。三月，命捕吉林餘匪。六月，條陳奉天善後事宜，詔如所請行。匪平，回京。光緒初，德宗典學，命在毓慶宮行走，授兼鑲黃旗領侍衞內大臣。十七年，卒。

自道光季年海防事起，洎咸豐三年粵逆北犯，八年海防又急，皆調東三盟兵協同防剿，科爾沁部爲之冠，予爵職、給廕襲者，皆甲諸部。僧格林沁之亡，始撤哲里木盟兵旋所部。

初，科爾沁諸旗以距奉天近，皆招佃內地民人開墾。乾隆四十九年，盛京將軍永瑋等奏：「賓圖王旗界內所留民人近鐵嶺者，達爾漢王旗所留民人近開原者，卽交鐵嶺縣、開原縣治之。」嘉慶十一年十月，盛京將軍富俊等以左翼後旗昌圖額勒克地方招墾閒荒，經歷四載，人民四萬有奇，請增置理事通判治之。達爾漢王旗界內所留人民，亦交通判就近並治，時諸旗扎薩克、王、公等多招民人墾荒，積欠抗租，則又請驅逐。廷議非之，嚴定招墾之禁，已佃者不得逐，未墾者不得招。道光元年，左翼中旗扎薩克達爾漢親王布彥溫都爾瑚竟以墾事延不就鞫，奪扎薩克。然私放私墾者仍日有所增，流民游匪于焉麕集。同治中，以昌圖匪亂，通判秩輕，升爲理事同知。光緒二年，署盛京將軍崇厚奏設官撫治，以淸盜源。遂升昌圖同知爲府，以原墾達爾漢王旗之梨樹城、八面城地置奉化、懷德二縣隸之。七年，又設康平縣于康家屯，隸之。二十八年，盛京將軍增祺奏設遼源州于蘇家屯，隸之。皆治左翼三旗墾民。

是年，右翼前旗扎薩克圖郡王烏泰以放荒事屢被劾，命禮部尙書裕德會增祺勘治。四月，覆奏言：「烏泰已放荒界南北長三百餘里，東西寬一百餘里，外來客民有一千二百六十餘戶。烏泰不諳放荒章程，以致嗜利之徒，任意墾佔，轉相私售，實已暗增數千餘戶，新開荒地又增長三百餘里，寬一百餘里。梅楞齊莫特、色楞等復祖護荒戶，阻台吉壯丁在新放荒地游牧。協理台吉巴圖濟爾噶勒遂以歛財聚衆，不恤旗艱，控之理藩院。經傳集烏泰等親自宣導，均各悔悟，願湔洗前愆，驅除讒慝，和同辦理旗務。請將烏泰、巴圖濟爾噶勒暫革，仍准留任，勒限三年，限滿經理得宜，由闔旗呈請開復，否則永遠革任；齊莫特、色楞等均分別屛黜，不准干預旗務。並爲定領荒招墾章程，荒價則一半報効國家，一半歸之蒙旗。升科則每晌以中錢二百四十爲籌餉設官等經費，以四百二十作蒙古生計，自王府至台吉、壯丁、喇嘛，各有得數。仍酌留餘荒，講求牧養。」均報可。十月，增祺又奏勘明是旗洮爾河南北已墾未墾之地，約有一千餘萬畝，派員設局丈放。三十年，以其地置洮南府，並置靖安、開通二縣隸之。三十一年，盛京將軍趙爾巽以右翼後鎭國公旗墾地置安廣縣，而法庫門舊爲左翼中達爾漢王諸旗招墾地，亦置同知治之。三十四年，東三省總督徐世昌以右翼中旗和碩土謝圖親王墾地置醴泉等縣。于是科爾沁六旗墾地幾遍，郡縣亦最多，諸扎薩克王公等得租豐溢，而化沙礫爲膏沃，地方亦日臻富庶。

諸扎薩克王公等世次皆見表，惟右翼和碩土謝圖親王色旺諾爾布桑寶以庚子之變，中外多故，殞于非命。裕德等勘奏，謂爲屬員逼勒而死，因請治偪勒者如律。尋增祺奏以族子業喜海順承襲，傳爵如故。

凡蒙旗，扎薩克爲一旗之長，制如一品，與都統等。其輔曰協理台吉。屬曰管旗章京，副章京，參領，佐領。蒙語管旗章京曰梅楞，參領曰札蘭，佐領曰蘇木。蘇木實分治土地人民。其佐領之額，右翼中旗二十二，左翼中旗四十六，右翼前旗、後旗均十六，左翼前旗、後旗均三。凡哲里木盟重大事件，科爾沁六旗以近奉天，故由盛京將軍專奏。郭爾羅斯前旗一旗以近吉林，郭爾羅斯後旗、扎賚特、杜爾伯特三旗以近黑龍江，故各由其省將軍專奏。

扎賚特部，元太祖弟哈布圖哈薩爾十五傳至博第達喇，有子九，阿敏其季也。與兄齊齊克、納穆賽等隣牧，號所部曰扎賚特。天命九年，阿敏子蒙袞偕科爾沁台吉奧巴遣使乞好，優詔答之，遂率屬來歸。順治五年，授蒙袞子色稜扎薩克，以與科爾沁同祖，附之，隸哲里木盟。旗一，駐圖卜紳察罕坡。其爵爲扎薩克多羅貝勒，由固山貝子晉襲。

光緒二十五年，黑龍江將軍恩澤等奏：「以戶部咨，黑龍江副都統壽山條奏，請放蒙古各旗荒地，派員赴扎賚特旗剴切勸商，願將屬界南接郭爾羅斯前旗，東濱嫩江之四家子、二龍梭口等處，指出開放，南北約長三百餘里，東西寬百餘里或三四十里，設局勘辦。並謂若大東以至大西，使沿邊各蒙旗均能招民墾荒，則強富可期，即可無北鄙之驚。」下所司議行。先是哲里木盟諸旗皆以禁墾甲令過嚴，無敢明言招墾者，至是始接踵開放云。三十一年，以墾地置大賚廳治之。是部有佐領十六。

杜爾伯特部，在喜峯口外，至京師二千五十里。東西距百七十里，南北距二百四十里。東及北皆黑龍江，西扎賚特，南郭爾羅斯，北界索倫藩部。蒙古稱杜爾伯特部者二，同名異族。一姓鮮囉斯，爲衞拉特台吉孛罕裔，旗十有四，駐牧烏蘭古木，稱外扎薩克，別有傳。一姓博爾濟吉特，爲元太祖弟哈布圖哈薩爾裔，卽今駐牧喜峯口外之內札薩克也。哈布圖哈薩爾十六傳至愛納噶，始以名其部。天命九年，愛納噶子阿都齊偕科爾沁台吉奧巴遣使乞好，優詔答之，遂率屬來歸。順治五年，授阿都齊子色稜扎薩克，以與科爾沁同祖，附之，隸哲里木盟。旗一，駐多克多爾坡。其爵爲扎薩克固山貝子。

同治二年，杜爾伯特貝子貢噶綽克坦咨黑龍江將軍，請將交界重立封堆。尋勘明：「巴勒該岡以北黑龍江界內，有杜爾伯特蒙人等居屯四處，牌莫多以南杜爾伯特界內，有黑龍江省屬人等居屯八處，舊界所佔均係曠地，應准各就其所，以安生計。蒙古越佔巴勒該岡地，應將南榆樹改爲新界，省屬人等越佔牌莫多地，應將四六山改爲新界，共立界堆十七。」奏入，詔如議。四年，貢噶綽克坦復咨以所立界堆將蒙古田地草廠歸入省界，有礙蒙古生計。詔派副都統克蒙額與哲里木盟長及杜爾伯特會勘，劃還塔爾歡屯以東第十、第十一封堆之西蒙古墳塋房基，平毀二十顆樹封堆之南蒙界旗屯房屋，又增立界堆十有九，並以牌莫多以南官屯舊佔蒙屯較巴勒該岡以北蒙屯舊佔省屯多地十三里，撥二十顆樹封堆之南省屬空閒地如數補之。七年六月奏結，請飭貝子貢噶綽克坦嚴約屬人照界永遠遵守，報可。十年，以是旗私招民人墾荒，嚴申禁令，革其協理台吉。光緒二十五年，將軍恩澤以招墾蒙地，關邊圉富強大計，復奏派員商勸放墾。時東三省鐵路之約旣成，是部當鐵路之衝，交涉煩多，商民萃集。三十二年，因以所部墾地置安達廳治之，隸黑龍江。是部一旗，有佐領二十五。

郭爾羅斯部，在喜峯口外，至京師千八百九十七里。東西距四百五十里，南北距六百六十里。南盛京邊墻，東吉林府，西及北科爾沁。

元太祖遺弟哈布圖哈薩爾征郭爾羅斯部，十六傳至烏巴什，卽以爲所部號。子莽果仍之。

天命九年，莽果子布木巴偕科爾沁台吉奧巴遣使乞好，優詔答之，遂率屬來歸。會察哈爾林丹汗掠科爾沁，遣軍由郭爾羅斯境往援，至農安塔。林丹汗遁，不敢復犯科爾沁及郭爾羅斯諸部。嗣設扎薩克二：曰布木巴，爵鎭國公；曰固穆，爲布木巴從弟，爵輔國公。

以與科爾沁同祖，附之，隸哲里木盟。旗二：前旗駐固爾班察罕，後旗駐榛子嶺。爵三：扎薩克輔國公一，扎薩克台吉一，附鎮國公一。

是部布木巴一旗爲前旗，近吉林。嘉慶五年，吉林將軍秀林奏以郭爾羅斯墾地置長春理事通判，並請分徵其租，上以非體斥之。十傳至喀爾瑪什迪，於光緒九年削扎薩克，公爵如故。以其族等台吉巴雅斯呼朗代爲扎薩克。光緒十三年，復升長春廳爲府。於是旗界內遼黃龍府舊地置農安縣，隸之。三十四年，又以墾地增廣，分置長嶺縣。宣統二年，分長春府地置德惠縣。旋又定國家與蒙古分收民租例。是旗置郡縣凡四，皆隸吉林。固穆一旗爲後旗，近黑龍江，亦當東三省鐵路之衝。光緒三年，以墾地置肇州廳，隸黑龍江。後又分置肇東經歷。是部二旗，墾地分隸吉林、黑龍江二省。前旗有佐領二十三。後旗有佐領三十四。

喀喇沁部，在喜峯口外，至京師七百六十里。東西距五百里，南北距四百五十里。東土默特及敖漢，西察哈爾正藍旗牧廠，南盛京邊墻，北翁牛特。

元時有札爾楚泰者，生濟拉瑪，佐元太祖有功。七傳至和通，有衆六千戶，游牧額沁河，號所部曰喀喇沁。子格呼博羅特繼之。

生子二：長格呼勒泰宰桑，爲扎薩克杜稜貝勒固嚕思奇布及扎薩克一等塔布囊格呼爾二旗祖；次圖嚕巴圖爾，爲扎薩克鎭國公色稜一旗祖。格呼勒泰宰桑子四：長恩克，次準圖，次鄂穆克圖，均居喀喇沁。天聰二年二月，恩克曾孫蘇布地以察哈爾林丹汗虐其部，偕弟萬丹偉徵等乞內附，表奏：「察哈爾汗不道，喀喇沁被虐，因偕土默特、鄂爾多斯、阿巴噶、喀爾喀諸部兵，赴土默特之趙城，擊察哈爾兵四萬。還，値赴明請賞兵三千，復殪之。察哈爾根本動搖，事機可乘。皇帝儻興師進剿，喀喇沁當先諸部至。」諭遣使面議。七月，遣喇嘛偕五百三十八人來朝，命貝勒阿濟格、碩託迎宴，刑白馬烏牛誓。九月，上親征察哈爾，蘇布地等迎會於綽洛郭勒，賜賚甚厚。三年正月，敕所部遵國憲。六月，蘇布地及圖嚕巴圖爾孫色稜等率屬來歸，詔還舊牧。十月，上征明，以塔布囊布爾哈圖爲導，入遵化，駐兵羅文峪。四年，布爾哈圖爲明兵所圍，擊敗之，擒副將丁啓明及遊擊一、都司二。詔嘉其功，賜莊田僕從及金幣。六月，由都爾弼從征察哈爾，林丹汗遁，以所收察哈爾糧貯遼河守之。復分兵隨貝勒阿濟格略明大同、宣府邊。八年正月，偕巴林、阿嚕科爾沁、阿巴噶諸部兵收撫察哈爾流民。五月，從征明大同，至朔州。九年正月，詔編所部佐領，以蘇布地子固嚕思奇布掌右翼，色稜掌左翼。五月，選兵從征明，敗之於遼河源。

崇德元年，詔授布爾哈圖一等子，賜號岱達爾漢塔布囊。二年，遣大臣阿什達爾漢等赴其部理庶獄。三年九月，隨大軍自密雲入明邊，敗其兵六千。十月，從征前屯衞及寧遠。七年，從圍薊州，過北京，下山東。

順治元年，從入山海關，擊流賊李自成。六年，從征喀爾喀。康熙十三年，大軍剿逆藩耿精忠等，所部塔布囊霍濟格爾偕土默特塔布囊善達等，以兵赴兗州。十七年，上諭曰：「塔布囊霍濟格爾等前自兗州赴浙江，聽康親王傑書調度。各統所屬官兵征剿逆賊，深入閩省，同大兵平定逆藩耿精忠。行間効力，身先士卒，衝鋒陷陣，奮勇用命，深爲可嘉。宜降恩綸，卽行議敍，以勵後効。」二十年，上駐蹕和爾和，諭曰：「塔布囊霍濟格爾出征時最著勤勞，今已溘逝。朕至此地，遣散秩大臣鄂齊等攜茶酒往奠。」二十五年，敍平浙江、福建功，賜參領巴雅爾等十人世職。

二十九年，從征噶爾丹，敗之於烏蘭布通。四十四年，詔增設一旗，以塔布囊格呼爾領之。五十四年，徵所部兵千赴推河防禦策妄阿喇布坦，尋命侍郎覺和托等攜帑萬兩賜之。雍正九年，從征噶爾丹策凌。所部初設二旗，右翼駐錫伯河北，左翼駐巴顏珠爾克；後增一旗，駐左右翼界內。爵六：親王品級扎薩克多羅杜稜郡王一，由貝勒晉襲；附鎭國公一，由貝子降襲；輔國公一；扎薩克多羅貝勒一，由貝子晉襲；扎薩克固山貝子一，由鎭國公晉襲；扎薩克公品級一等塔布囊一。

乾隆四十一年，以所部墾地設平泉州。嘉慶八年，降爵。貝子丹巴多爾濟以獲逆犯陳德功，予貝勒，官至領侍衞內大臣、御前大臣，卒。光緒二十三年，扎薩克一等台吉塔布囊巴特瑪鄂特薩爾以事革，復以貝勒熙凌阿襲。存爵五。

是部招民墾地最在先。乾隆十四年，始定不許容留民人多墾地畝之禁。道光十九年，復定喀喇沁、土默特種地民人不得以所種地畝折算蒙古賒貸銀錢例。光緒十七年，敖漢部金丹道匪之變，是部同時被擾。事平，特頒帑賑恤之。二十九年，熱河都統錫良以左翼旗招華商承辦全旗五金各鑛，中旗同道勝銀行立有合同，開八里罕等地金鑛，與定章應聲明華、洋股本若干，及只准指定一處不准兼指數處者不符，請飭外務部妥議辦法。下所司議申定章約束之。

是部右翼旗有佐領四十四，中旗有佐領三十八，左翼旗有佐領四十，與土默特二旗統盟於卓索圖。嘉慶中，設熱河都統後，是盟與昭烏達盟重大事件，皆由都統專奏。道光末，籌直隸海防，咸豐初，剿粵匪，皆徵是盟之兵，與哲里木、昭烏達號東三盟兵，頗著功績云。

土默特部，在喜峯口外，至京師千里。東西距四百六十里，南北距三百有十里。東養息牧牧廠，西喀喇沁，南盛京邊墻，北喀爾喀左翼及敖漢。土默特分左右翼，異姓同牧。主左翼者爲元臣濟拉瑪裔。自濟拉瑪十三傳至善巴，與喀喇沁爲近族。主右翼者爲元太祖裔。自元太祖十九傳至鄂木布楚琥爾，生子固穆，與歸化城土默特爲近族。

天總三年，善巴、鄂木布楚琥爾各率屬來歸。八年六月，選兵從征明，頒示軍律。七月，由獨石口入明邊，會大軍于保安州，分兵隸都統武訥格，略察哈爾邊。九年，詔編所部佐領，設扎薩克三：曰善巴，曰賡格爾，曰鄂木布楚琥爾。賡格爾者，善巴族也。崇德二年，以罪削扎薩克，善巴領其衆。自是土默特分左右翼，命善巴及鄂木布楚琥爾掌之。是年遣大臣阿什達爾漢等赴其部理庶獄。六年，從圍明錦州，敗總督洪承疇援兵。八年，隨饒餘貝勒阿巴泰征明。

順治元年，從入山海關，擊流賊李自成。三年，隨剿蘇尼特部叛人騰機思。康熙元年，喀爾喀台吉巴爾布冰圖來歸，詔附土默特牧。十三年，大軍剿逆藩耿精忠等，詔所部塔布囊善達偕喀喇沁塔布囊霍濟格爾以兵赴兗州聽調。十七年，調赴浙江，隨康親王傑書進剿。閩地悉定，諭優敍。五十五年，詔選兵千隨公傅爾丹屯鄂爾坤。五十九年，以旱歉收，賜帑賑之。雍正三年，塔布囊沙津達賚隨大軍防禦準噶爾。七年，封鎮國公。九年，大將軍傅爾丹擊準噶爾于和通呼爾哈諾爾，沙津達賚陣逃，削爵；而土默特部將之隨參贊內大臣馬蘭泰者，敗賊西爾哈昭，斬獲甚衆，稍雪恥焉。

所部二旗，左翼駐海他哈山，右翼駐巴顏和朔，隸卓索圖盟。爵三：扎薩克多羅達爾漢貝勒一，由鎭國公晉襲；附喀爾喀貝勒一；扎薩克固山貝子一。

乾隆四十一年，以所部墾地置朝陽縣。同治九年，以右翼旗箭丁等屢控扎薩克貝子索特那木色登科派太重，於是管旗章京阿阿尙等以因公派錢不能體恤，均革。熱河都統庫克吉泰因奏變通土默特比丁章程，申明交納丁錢舊章，箭丁子女不許妄行役使及隨侍陪嫁，八枝箭丁仍歸土默特管束。光緒十七年，敖漢部金丹道匪之變，是部同時被擾。事平，賑恤之。左翼有佐領八十，右翼有佐領九十，於諸旗爲特多焉。

清史稿卷五百十九

列傳三百六

藩部二

敖漢　柰曼　巴林　扎嚕特　阿嚕科爾沁　翁牛特
克什克騰　喀爾喀左翼　烏珠穆沁　浩齊特
蘇尼特　阿巴噶　阿巴哈納爾

敖漢部，在喜峯口外，至京師千有十里。東西距百六十里，南北距二百八十里。東柰曼，西喀喇沁，南土默特，北翁牛特。

內扎薩克二十四部，自科爾沁、扎賚特、杜爾伯特、郭爾羅斯、喀喇沁、土默特左翼、阿嚕科爾沁、翁牛特、阿巴噶、阿巴哈納爾、四子部落、茂明安、烏喇特外，皆元太祖十五世孫達延車臣汗之裔。達延車臣汗子十一：長圖嚕博羅特，其嗣爲敖漢、柰曼、烏珠穆沁、浩齊特、蘇尼特五部；第三子巴爾蘇博羅特，其嗣爲土默特右翼一旗及鄂爾多斯部；第五子阿爾楚博羅特，其嗣爲巴林、扎嚕特二部；第六子鄂齊爾博羅特，其嗣爲克什克騰部；第十一子格哷森扎扎賚爾琿台吉，其嗣爲喀爾喀左翼、喀爾喀右翼二部；餘皆不著。圖嚕博羅特子二：長博第阿喇克，詳烏珠穆沁傳；次納密克，生貝瑪土謝圖。子二：長岱青杜楞，號所部曰敖漢；次額森偉徵諾顏，詳柰曼傳。

岱青杜楞子索諾木杜棱及塞臣卓哩克圖，初皆服屬于察哈爾。以林丹汗不道，天聰元年，偕柰曼部長袞楚克率屬來歸，詔索諾木杜棱居開原，塞臣卓哩克圖還舊牧。二年，偕柰曼、巴林、扎嚕特諸台吉剿察哈爾，諭勿妄殺降，嚴汛哨。後索諾木杜稜以私獵哈達、葉赫山界，議奪開原地。塞臣卓哩克圖卒，子旺第繼爲部長。八年冬，遣大臣赴碩翁科爾定諸藩牧，以扎哈蘇台、囊嘉台爲敖漢界。崇德元年，詔編所部佐領，設扎薩克，以旺第領之，爵多羅郡王。

順治元年，從入山海關，擊流賊李自成。康熙十三年，請選兵隨剿逆藩吳三桂，詔還牧聽調。十四年，隨大軍剿察哈爾叛人布爾尼。十五年，徵兵赴河南，尋調荊州。越三年，凱旋。二十八年秋，詔發喜峯口倉粟賑所屬貧戶。三十七年冬，遣官往敎之耕，諭曰：「朕巡幸所經，見敖漢及柰曼諸部田土甚嘉，百穀可種。如種穀多穫，則興安嶺左右無地可耕之人，就近貿糴，不須入邊市米矣。其向因種穀之地不可牧馬，未曾墾耕者，今酌留草茂之處爲牧地，自兩不相妨。且敖漢、柰曼蒙古以捕魚爲業者衆，敎之以引水灌田，彼亦易從。凡有利益於蒙古者，與王、台吉等相商而行。」雍正五年，以所部災，賜帑賑之。九年，隨大軍剿噶爾丹策凌。

所部一旗，駐固爾班圖爾噶山，與柰曼、翁牛特、巴林、扎嚕特、喀爾喀左翼、阿嚕科爾沁諸部統盟于昭烏達。爵五：扎薩克多羅郡王一；附多羅郡王一；附固山貝子二，一由貝勒降襲，鎭國公一，由貝子降襲。

是旗墾事最在先。嘉慶以後，屢申嚴禁。光緒十七年，金丹道匪楊悅春等糾衆爲亂。十月，攻貝子德克沁府踞之，戕德克沁，四出紛擾，喀喇沁、土默特、翁牛特、柰曼諸部皆被兵。脅漢人爲匪，遇蒙人則殺，佔官署，燬敎堂，蹂躪甚慘。命直隸提督葉志超等剿之，至十二月始平。詔賑恤之，凡敖漢等五部八旗，爲銀十七萬兩有奇，全濟民、蒙三十萬口有奇。李鴻章會都統奎斌奏：「蒙古、客民結怨已深，一在佃種之交租，一在商賈之積欠。應更定新章，佃種蒙地者，由地方官徵收，蒙古王公派員領取；商民領取蒙古貲本貿易，或彼此賒欠致有虧折，亦應送地方官持平論斷，毋稍偏倚。」此敖漢諸部蒙古、客民結隙根本所在，故鴻章等欲更張救之。二十四年，扎薩克郡王達木林達爾達克以充昭烏達盟長擾累屬下，違例科派，奪盟長及扎薩克。三十一年，扎薩克郡王勒恩扎勒諾爾贊復被護衞刺死。三十三年，都統廷杰以置嗣未定，請理藩院愼擇親賢，速爲承襲。宣統元年，以族人棍布札布襲。二年，分置左、右二旗，以原有扎薩克者爲左旗，別授郡王色凌端嚕布爲右旗扎薩克。左旗有佐領三十五，右旗有佐領二十。

奈曼部，在喜峯口外，至京師千有百一十里。東西距九十五里，南北距二百二十里。東喀爾喀左翼，西敖漢，南土默特，北翁牛特。

元太祖嘗偕弟哈布圖哈薩爾平奈曼部，三傳至額森偉徵諾顏，卽以爲所部號。子衮楚克嗣，稱巴圖魯台吉，服屬于察哈爾。以林丹汗不道，天聰元年，偕從子鄂齊爾等率屬來歸，詔還舊牧。鄂齊爾以卒巡徼，斬察哈爾兵百，獲牲畜百餘獻，賜號和碩齊，賚甲一。八年，遣大臣赴碩翁科爾定諸藩牧，以巴克阿爾和碩、巴噶什魯蘇台爲奈曼界。崇德元年，授扎薩克，爵多羅達爾漢郡王。先是，所部阿邦和碩齊從大軍剿茂明安部逃賊有功，至是以宣諭朝鮮，衮楚克遣屬岱都齊齎書從。遇明皮島兵，狙擊之，斬賊二，被創還，悉蒙獎賚。五年，遣屬扎丹隨大軍征索倫，凱旋，得優賜。七年，復遣屬善丹、薩爾圖隨征明，由黃崖口入邊，下薊州，趨山東，攻克兗州。八年，善丹來獻俘，賜宴。

順治元年，從入山海關，擊流賊李自成。康熙十四年，察哈爾布爾尼叛，扎薩克郡王扎木三應之，徙察罕郭勒，與布爾尼賊壘聯聲援，且遣黨煽諸扎薩克。詔撫遠大將軍信郡王鄂扎率師討，至達祿，布爾尼敗遁，爲科爾沁額駙沙津陣斬。扎木三蹙縛乞罪，特旨貸死。更優獎不附逆諸台吉，鄂齊爾由一等台吉襲扎薩克郡王爵，烏勒木濟由二等台吉晉貝子，格呼爾由二等台吉晉輔國公，烏爾圖納素圖由三等台吉晉一等台吉，鄂齊爾長子額爾德尼授三等台吉。二十年，詔發喜峯口倉粟賑所屬貧戶。雍正五年，所部歉收，賜帑賑之。九年，隨大軍勦噶爾丹策凌。初，柰曼與敖漢逢國家典禮及征伐事，先後偕來，位秩如一。獨扎木三懷貳，遂不齒於敖漢。迨鄂齊爾重膺錫封，奉職惟謹，而荷恩亦如故焉。

所部一旗，駐彰武臺，其爵爲扎薩克多羅達爾漢郡王。道光二十七年，以壽安固倫公主指配柰曼扎薩克郡王阿完都瓦第扎布之子德木楚克扎布，授固倫額駙。旋襲爵職。同治四年，卒，追賜親王銜。光緒十七年，金丹道匪之變，是部亦被擾。事平，賑恤之。有佐領五十。

巴林部，在古北口外，至京師九百六十里。東西距二百五十一里，南北距二百三十三里。東阿嚕科爾沁，西克什克騰，南翁牛特，北烏珠穆沁。元太祖十六世孫阿爾楚博羅特生和爾朔齊哈薩爾。子蘇巴海，稱達爾漢諾顏，號所部曰巴林。子巴噶巴圖爾嗣。有子三：長額布格岱洪巴圖魯，次和托果爾昂哈，次色特爾。初皆服屬於喀爾喀。

天命四年，額布格岱洪巴圖魯偕喀爾喀部長遣使乞盟，允之。十一年春，以背盟私與明和，大軍往討，陣斬台吉囊努克。冬，討扎嚕特，詔分軍入部境以張兵勢，焚原驅哨而還。會察哈爾林丹汗掠其諸部，台吉皆奔依科爾沁。天聰二年，色特爾率子色布騰及額布格岱洪巴圖魯子色稜、和托果爾昂哈子滿珠習禮等，自科爾沁來歸，優賚撫輯之。三年，從征明，由養息穆河入大安口，克遵化。四年，攻昌黎，與扎嚕特兵圍城北。六年，從略大同、宣府邊。八年五月，會兵扎木哈克征察哈爾，賜宰桑布兗山津雕鞍良馬，遂由獨石口征明朔州，克堡八。十月，遣大臣赴碩翁科爾定諸藩牧，以扈拉瑚琥、呼布里都、克哩葉哈達、瑚濟爾阿達克爲巴林界。崇德元年，選兵從征明。三年，自牆子嶺入明邊，樹雲梯攻城，台吉阿玉什屬索爾古先登，克之。四年，圍錦州。六年，圍松山。七年，獻俘，賚將弁幣。

順治元年，從入山海關，擊流賊李自成。五年，詔編所部佐領，以滿珠習禮掌左翼，爵固山貝子；色布騰掌右翼，爵多羅郡王：各授扎薩克。康熙二十三年，上幸塞外，駐蹕烏拉岱，兩翼扎薩克率諸台吉來朝，賜冠服、弓矢、銀幣有差。二十八年，詔發古北口倉粟賑所屬貧戶。二十九年，命額駙阿喇布坦率兩翼兵四百，赴葫蘆郭勒偵噶勒丹。是役也，色布騰子格呼爾圖、納木扎，孫納木達克、桑哩達、烏爾袞，暨族台吉沙克塔爾等皆從。格呼爾圖尤衝鋒奮擊，師旋，得優賚。三十四年，以噶勒丹掠喀爾喀至巴顏烏蘭，詔檄敖漢、柰曼兵赴阿喇布坦軍，幷命納木達克、烏爾袞等防烏珠穆沁汛。是年所部歉收，詔發坡賴屯米賑之。三十八年，命護軍統領鄂克濟哈、學士蘇赫納往會扎薩克等，將現貯巴林米千石散賑。若人衆米寡，再運坡賴米賑給。雍正九年，隨大軍勦噶勒丹策凌。二等台吉璘瞻追賊察巴罕河，護駝馬；又擊之於塔爾勒圖、固爾班什勒諸處。敍功，晉授一等台吉。

所部二旗：右翼駐托鉢山，左翼駐阿察圖拖羅海。爵四：親王品級扎薩克多羅郡王一，扎薩克固山貝子一，附固山貝子二。光緒十七年，金丹道匪之變，賊渠李國珍擾至是部那林溝地，葉志超遣軍擊平之。三十三年，以是部墾地置林西縣，隸赤峯直隸州。左翼有佐領十六，右翼有佐領二十六。

扎嚕特部，在喜峯口外，至京師千五百一十里。東西距百二十五里，南北距四百六十里。東科爾沁，西界阿嚕科爾沁，南喀爾喀左翼，北烏珠穆沁。

元太祖十八世孫烏巴什稱偉徵諾顏，號所部曰扎嚕特。子二：長巴顏達爾伊勒登，次都喇勒諾顏。巴顏達爾伊勒登子五：長忠圖，傳子內齊，相繼稱汗；次賡根；次忠嫩；次果弼爾圖，次昂安。都喇勒諾顏子二：長色本，次瑪尼。初皆服屬於喀爾喀。

太祖高皇帝甲寅年，內齊以其妹歸我貝勒莽古爾泰；忠嫩及從弟額爾濟格亦來締姻。天命四年秋，大軍征明鐵嶺，從。色本偕從兄巴克等隨喀爾喀台吉宰賽以兵萬餘助明，爲我軍陣擒。冬，內齊、額爾濟格、額騰、鄂爾齋圖、多爾濟桑、阿爾齋弼登圖偕喀爾卓哩克圖洪巴圖魯等遣使乞盟，許之，遣大臣往涖盟。其宰桑扣肯屬有來奔者，上以盟不可渝，拒弗納。旋釋色本、巴克歸。八年，巴克來朝，命釋其質子鄂齊爾桑與俱歸。而忠喇、昂安等屢以兵掠我使賚往科爾沁之服物及馬牛。上遣軍征之，斬昂安，俘其衆。忠嫩子桑圖以孥被擒，來朝乞哀，詔歸令完聚。未幾，所部諸台吉復背盟，襲我使固什於漢察喇及遼河畔，掠財物。十一年，命大貝勒代善率師往討，斬鄂爾齋圖，擒巴克等凡十四台吉。師還，仍詔釋歸。尋爲察哈爾林丹汗所掠，往依科爾沁。

天聰二年，內齊、色本等先後率屬來歸。台吉喀巴海殺察哈爾台吉噶爾圖，以俘七百獻，賜號偉徵。三年，奉敕定隨征軍令。以越界駐牧自議罪，內齊、色本、瑪尼及果弼爾圖、巴雅爾圖、岱青，請各罰駝十、馬百，詔寬之，各罰馬一。是年冬，隨征明，入龍井關，克遵化，圍其都。明兵屯城東，蒙古諸部不俟整隊，驟進失利，惟色本及瑪尼敗敵，得優賚。五年春，詔議台吉岱青罪。先是大貝勒代善陣擒岱青子善都，往奔科爾沁。越二年歸，詔留贍養。嗣從大軍征明，貝勒莽古爾泰與明兵戰都城東，岱青、善都遁走。又誣訐貝勒阿濟格縱屬殺人。至是，論罪應斬，上特宥之，奪所屬人戶分給莽古爾泰、阿濟格。六年，內齊、色本、瑪尼、喀巴海等從征察哈爾，諭獎其實心効力。尋隨貝勒阿濟格略明大同、宣府邊。八年，由獨石口進攻朔州。是年冬，遣大臣赴碩翁科爾定諸藩牧，以諾綽噶爾多布圖烏魯木爲扎嚕特界。崇德二年，由朝鮮進征瓦爾喀。三年，隨征喀爾喀扎薩克圖汗。五年春，從征索倫，賜台吉桑古爾及阿玉什、琥賴、阿爾蘇瑚、岳博果等蟒服、貂裘、甲冑、弓矢。冬，以台吉肯哲赫追擒茂明安逃人功，賜號達爾漢。

順治元年，從入山海關，擊流賊李自成。五年，詔編所部佐領。時內齊、色本卒，以內齊子尚嘉布掌左翼，色本子桑噶爾掌右翼，各授扎薩克貝勒。康熙十四年，察哈爾布爾尼叛，且陰煽諸部。二等台吉根翼什希布以不附逆，封鎮國公。後停襲。二十九年，隨大軍征噶爾丹，二等台吉科克晉、四等台吉袞楚克色爾濟額爾德尼陣歿，俱贈一等台吉，賜號達爾漢。雍正元年，所部歉收，詔發帑賑之。十一年，選兵隨剿噶爾丹策凌，隸敖漢台吉羅卜藏軍。

所部二旗，左翼駐齊齊靈花拖羅海山北，右翼駐圖爾山南。爵四：扎薩克多羅貝勒一，扎薩克多羅達爾漢貝勒一，附鎭國公一，輔國公一。是部產鹻，初禁開取。光緒二十一年，都統松壽以部議主開，奏定納課章程，由各旗選派公正蒙員試辦。三十三年，都統廷杰奏，以是部及阿嚕科爾沁墾地置開魯縣，隸赤峯直隸州。是部左右翼旗各有佐領十六。

阿嚕科爾沁部，在古北口外，至京師千三百四十里。東西距百三十里，南北距四百二十里。東扎嚕特，西巴林，南喀爾喀左翼，北烏珠穆沁。

元太祖弟哈布圖哈薩爾十三傳至圖美尼雅哈齊。子三：長奎蒙克塔斯哈喇，游牧嫩江，號嫩科爾沁；次巴袞諾顏；次布爾海，遊牧呼倫貝爾。巴袞諾顏子三：長昆都倫岱靑，號所部曰阿嚕科爾沁，以別於嫩科爾沁。子達賚，稱楚琥爾，嗣爲部長；次哈貝，子巴圖爾，裔不著；次諾顏泰，子四，號四子部落。布爾海裔號烏喇特，詳各部傳。

阿嚕科爾沁與四子部落、烏喇特、茂明安、翁牛特、阿巴噶、阿巴哈納爾及喀爾喀內外扎薩克統號阿嚕蒙古，初皆服屬於察哈爾。以林丹汗不道，天聰四年，達賚聖子穆彰率屬來歸，命諸貝勒郊迎五里，賜宴。八年，遣大臣赴碩翁科爾定諸藩牧，以兩白旗外塔拉布拉克遜島爲其部界。崇德元年，宣諭朝鮮，其部德赫拜達爾齋書從。遇明皮島兵，狙擊敗之。

還，得優賚。先是阿嚕科爾沁設兩旗，達賚、穆彰各領一。至是始併兩旗爲一，以穆彰領之。

嗣從征朝鮮、瓦爾喀、索倫、喀爾喀，及明濟南、錦州、松山、薊州。順治元年，從入山海關，擊流賊李自成。敍功授扎薩克，爵固山貝子。康熙二十七年，噶爾丹侵喀爾喀，諭所部兵防蘇尼特汛。二十八年，部衆乏食，賜粟賑之。二十九年，二等台吉棟紐特從征噶爾丹，見賊勢熾，慷慨謂衆曰：「我等受恩深，若稍退，何面目見聖顏乎？」率兵三百趨前戰，皆歿。三十年，贈一等台吉，世襲達爾漢號。是冬，理藩院議給所部貧戶米穀。諭曰：「賞給米穀，應調蒙古駝馬運送。時值隆冬，輸輓殊艱，恐領米之人不能運到，必致沿邊私糶，不如量米給銀，到彼甚易，貧人得霑實惠。」三十五年，上親征噶爾丹，偵賊沿克嚕倫河至額哲特圖哈布齊爾地，諭嚴防汛界。

四十三年，遣大臣往訊盜案，宣諭扎薩克戢所部，務令無盜。四十八年，固山額駙巴特瑪妻縣君以屬人不遵令，請獻戶口，諭暫遣官理，後不爲例。雍正五年，賜所部貧戶銀。九年，從大軍剿噶爾丹策凌。十三年，遣官齎銀賑饑。

所部一旗，駐牧琿圖山東，隸昭烏達盟。其爵爲扎薩克多羅貝勒，由固山貝子晉襲。是部亦產鹻。光緒三十一年，定蒙員自辦納課章程。是部一旗，有佐領五十。

翁牛特部，在古北口外，至京師七百六十里。東西距三百里，南北距百六十里。東阿嚕科爾沁，西承德府，南喀喇沁及敖漢，北巴林及克什克騰。

元太祖弟諤楚因，稱烏眞諾顏。其裔蒙克察罕諾顏。有子二：長巴顏岱洪果爾諾顏，號所部曰翁牛特，次巴泰車臣諾顏，別號喀喇齊哩克部，皆稱阿嚕蒙古。巴顏岱洪果爾諾顏再傳至圖蘭，號杜稜汗。子七：長遜杜稜，次阿巴噶圖琿台吉，次棟岱青，次班第偉徵，次達拉海諾木齊，次薩揚墨爾根，次本巴楚琥爾巴泰車臣諾顏。三傳至努綏，子二：長噶爾瑪，次諾密泰岱青。皆初服屬於察哈爾。以林丹汗不道，天聰六年，遜杜稜、棟岱青暨喀喇齊哩克台吉噶爾瑪率屬來歸。是年，上親征察哈爾，各選兵從。林丹汗遁；復從貝勒阿濟格赴大同、宣府，收察哈爾部衆之竄入明邊者。師旋，優賚遣歸。自是其部稱翁牛特，以喀喇齊哩克附之，不復冠阿嚕舊稱。

七年春，棟岱青、噶爾瑪來朝，班第偉徵等相繼獻駝馬。冬，遜杜稜復率衆來朝。八年，遣大臣赴碩翁科爾定諸藩牧，以扈拉瑚、琥呼布哩都爲翁牛特部界。是冬，班第偉徵、達拉海諾木齊以越界游牧罪，議罰駝百、馬千。詔從寬，罰十之一。復以罰奈曼部駝馬命分給遜杜稜、棟岱青。崇德元年，詔編新部佐領，以遜杜稜掌右翼，爵多羅杜稜郡王；棟岱青掌左翼，子多羅達爾漢岱青，各授扎薩克。三年，喀爾喀扎薩克圖汗擁衆偪歸化城，上親征之，棟岱青、班第偉徵、達拉海諾木齊等以兵會偵，扎薩克圖汗遁，乃還。四年，棟岱青率宰桑烏巴什、和尼齊等從大軍征明。六年，圍錦州、松山，設伏高橋大路及桑阿爾齋堡，遇杏山逃卒，追擊之，斬獲甚衆。七年，敍功，賜棟岱青、噶爾瑪、和尼齊等布幣有差。復追議松山掘壕時，宰桑烏巴什以誦經故不親督兵，及暮又失守望罪，論死，詔宥之。達拉海諾木齊及綽克圖巴木布等復從貝勒阿巴泰征明。八年，來獻俘，賜宴。

順治元年，從入山海關，擊流賊李自成，復追敍部將噶勒嘛從征明功，賜號達爾漢。康熙十五年，以剿逆藩吳三桂，詔選兵赴河南駐防。十六年，調荆州。十八年，撤還。二十二年，以其部多盜，諭撫衆及弭盜法。二十六年，上閱兵盧溝橋，命其部來朝人從觀。二十七年，選兵赴蘇尼特汛防禦噶爾丹。三十四年，所部乏食，遣官往賑。三十五年，上親征噶爾丹，詔徵兵五百，運中路軍糈給器糒。三十六年，朔漠平，賚運糧兵銀。五十六年，理藩院奏翁牛特及克什克騰諸扎薩克請令公勘地址有越界伐木者論罪，從之。雍正五年，賜銀賑所屬貧戶。九年，隨大軍剿噶爾丹策淩。乾隆二十年，從征達瓦齊。

所部二旗，右翼駐英什爾哈齊特呼朗，左翼駐扎喇峯西。爵四，扎薩克多羅杜稜郡王一，附固山貝子一，鎮國公一，扎薩克多羅達爾漢岱青貝勒一。光緒十七年，金丹道匪之變，賊渠李國珍等擾是部，焚王府，踞烏丹城，卽元全寧路治，實熱河北路門戶。葉志超遣副將潘萬才等率軍先克之，餘遂迎刃而解。是部二旗，蹂躪均重。事平，賑恤之。左翼有佐領二十，右翼有佐領三十八。

克什克騰部，在古北口外，至京師八百有十里。東西距三百三十四里，南北距三百五十七里。東翁牛特及巴林，西浩齊特及察哈爾正藍旗牧廠，南翁牛特，北烏珠穆沁。元太祖十六世孫鄂齊爾博羅特，再傳至沙喇勒達，稱墨爾根諾顏，號所部曰克什克騰。子達爾瑪，有子三：長索諾木，次巴本，次圖壘。服屬於察哈爾。天聰八年，索諾木率屬來歸。崇德六年，台吉沙哩、博羅和、雲敦等奉命赴董家、喜峯諸口偵明兵，俘斬甚衆。順治九年，詔編所部佐領，以索諾木領之，授扎薩克。康熙二十六年，上閱兵盧溝橋，命其部來朝人從觀。二十七年，噶爾丹侵喀爾喀，詔選兵防蘇尼特汛。二十九年，四等台吉穆倫噶爾弼以偵擊噶爾丹功，晉一等台吉。三十五年，上親征噶爾丹。凱旋，以其部設站兵無誤驛務，賚銀幣。雍正五年，賜銀賑其屬貧戶。

所部一旗，駐牧吉拉巴斯峯，隸昭烏達盟。其爵爲扎薩克一等台吉。是部墾事最早。嘉慶中，設白岔巡檢治之。同治中，回匪東竄熱河，設戍其地。

又經棚當直隸多倫諾爾廳東北，商民萃處，號稱蕃盛。光緒十七年，金丹道匪之變，是部曾以兵協勦烏丹城等處之匪，得捷。有佐領十。

喀爾喀左翼部，在喜峯口外，至京師千二百有十里。東西距百二十五里，南北距二百三十里。東科爾沁，西柰曼，南土默特，北扎嚕特及翁牛特。

元太祖十六世孫格呼森札扎賚爾琿台吉居杭愛山，始號喀爾喀。有子七，部族繁衍，分東、西、中三路，以三汗掌之。其長子阿什海達爾漢諾顏。生子二：長巴顏達喇，爲西路扎薩克圖汗祖；次圖捫達喇岱青，子碩壘烏巴什琿台吉。生子三：長俄木布額爾德尼，次杭圖岱，次衮布伊勒登，皆爲喀爾喀西路台吉，隸扎薩克圖汗。

康熙三年，衮布伊勒登以其汗旺舒克爲同族羅卜藏台吉額璘沁所戕，部衆潰，窮無依，乃越瀚海來歸。先是喀爾喀中路土謝圖汗下台吉本塔爾攜衆內附，封扎薩克親王爵，駐牧張家口外。至是詔衮布伊勒登扎薩克多羅貝勒賜牧喜峯口外察罕和碩圖，以所居地分東西，故本塔爾稱喀爾喀右翼，衮布伊勒登稱喀爾喀左翼。蓋自國初以來，喀爾喀相繼歸誠，名凡三：曰舊喀爾喀，歸誠最早，後編入蒙古八旗；曰內喀爾喀，卽今隸內扎薩克之喀爾喀左右翼二部；曰外喀爾喀，其歸誠較後，卽今隸外扎薩克之喀爾喀土謝圖汗、車臣汗、扎薩克圖汗、賽因諾顏四部。二十九年，以額魯特台吉噶爾丹侵喀爾喀土謝圖汗、車臣汗、扎薩克圖汗，所居皆被掠，先後乞降。詔袞布伊勒登備兵要汛，偵禦噶爾丹。三十五年，上由克嚕倫河親征，諭其部選兵赴烏勒輝聽調。噶爾丹敗遁，撤兵還。雍正元年，所屬歉收，賜帑賑之。九年，大軍剿噶爾丹策凌，選兵赴歸化城駐防。尋以護外扎薩克游牧，移駐克嚕倫河。乾隆初撤之。

所部一旗，駐察罕和碩圖。其爵爲扎薩克多羅貝勒。有佐領一。是部與敖漢、柰曼、巴林、翁牛特、扎嚕特、喀爾喀左翼、阿嚕科爾沁七部十一旗，統盟於卓索圖。道光末籌海防，咸豐中剿粵匪，皆徵其兵。至同治初，科爾沁親王僧格林沁陣亡，乃撤歸。清代蒙古留京王公，以是盟與哲里木、卓索圖爲多，大都額駙子孫。錫林郭勒、烏察布、伊克昭三盟則鮮見焉。

烏珠穆沁部，在古北口外，至京師千一百六十三里。東西距三百六十里，南北距四百二十五里。東索倫，西浩齊特，南巴林，北瀚海。

元太祖十六世孫圖嚕博羅特由杭愛山徙牧瀚海南，子博第阿喇克繼之。有子三，分牧而處。長庫登汗，詳浩齊特部傳。次庫克齊圖墨爾根台吉，詳蘇尼特部傳。次翁袞都喇爾，號其部曰烏珠穆沁。子五：長綽克圖，號巴圖爾諾顏；次巴雅，號賽音冰圖諾顏；次納延泰，號伊勒登諾顏；次彰錦，號達爾漢諾顏。皆早卒。次多爾濟，號車臣濟農，與察哈爾同族，爲所屬。以林丹汗不道，多爾濟偕綽克圖子色稜徙牧瀚海北，依喀爾喀。

天聰九年，大軍收服察哈爾，多爾濟偕喀爾喀部車臣汗碩壘、浩齊特部策稜伊勒登土謝圖、蘇尼特部叟塞巴圖魯濟農、阿巴噶部都思噶爾扎薩克圖巴圖爾濟農等表貢方物。崇德元年，命舊自察哈爾來歸之偉宰桑等齎敕往諭，遂偕其使納木渾津等至。自是貢物不絕。二年八月，台吉伊什喀布、烏喇垓增格、阿津、鏗特克等來貢，賚冠服、甲冑、弓矢、布幣。十一月，多爾濟、色稜各率屬由克嚕倫來歸。三年，喀爾喀扎薩克圖汗擁衆侶歸化城，上統師親征，多爾濟、色稜以兵會偵，扎薩克圖汗遁，乃還。賜貢馬台吉巴甘冠服、鞓帶。五年，賜來朝台吉固穆、塔布囊阿哈圖等蟒服、綵幣。六年，詔授多爾濟扎薩克和碩車臣親王。順治三年，詔授色稜扎薩克多羅額爾德尼貝勒。以多爾濟掌左翼，色稜掌右翼。是年大軍勦蘇尼特部騰機思，至喀爾喀，以多爾濟屬達喇海嚮導功，賜號達爾漢。

康熙二十年，以所部牧鄰喀爾喀，因互竊駝馬，王大臣等遵旨議邊汛形勝處各屯兵百許，按旗設哨，嗣後扎薩克能撫衆戢盜者予敍，否則論罪。二十七年，噶爾丹侵喀爾喀，遣大臣赴烏珠穆沁宣諭扎薩克等防汛。三十年，阿巴噶台吉奔塔爾首烏珠穆沁台吉車根等叛附噶爾丹，語涉扎薩克王素達尼妻。命大臣往勘，得車根等私給噶爾丹駝馬，又令部校阿爾塔等往通信狀，罪應死。素達尼妻預知，應削封號、奪所屬人戶。素達尼已故，應除爵。議上，詔治車根等罪，免奪人戶。素達尼未預謀，免除爵，襲如初。三十一年，素達尼弟協理台吉烏達喇希妻以烏達喇希證車根等從逆狀，乞予敍。理藩院議烏達喇希故，應贈輔國公，令子袞布扎偵襲，從之。後停襲。三十四年，噶爾丹復侵喀爾喀，詔所部選兵駐汛。三十五年，偵噶爾丹至額哲特圖，哈卜濟爾赴烏爾輝聽調。是年，上親征噶爾丹還，賜坐塘諸弁兵銀。五十五年，選兵隨大軍防禦策妄阿喇布坦。雍正九年，議剿噶爾丹策凌，詔徵烏珠穆沁西各扎薩克兵三千駐烏喇特汛防四十九旗游牧，復諭烏珠穆沁別以兵駐克嚕倫河。十年，移駐達哩剛愛。十三年，撤還。乾隆十二年，詔嘉兩翼扎薩克，值所屬災，贍貧戶二萬餘，王貝勒以下各賜俸半年，無俸台吉俱賜幣有差。

所部二旗：右翼駐巴克蘇爾哈臺山，左翼駐魁蘇陀羅海，與浩齊特、蘇尼特、阿巴噶、阿巴哈納爾諸部統盟於錫林郭勒。爵四：扎薩克和碩車臣親王一，附鎭國公一，輔國公一，扎薩克多羅額爾德尼貝勒一。左旗扎薩克貝勒色楞傳至達克丹都克雅扎布。咸豐十年，以報効軍需駝馬，予郡王銜。是部左翼有固爾班泊，產鹽，由巴林橋烏丹城運售內地，西出圍場，分銷承德、豐、灤各屬；東出建平，分銷建昌、朝陽各屬；遠者更可銷至奉天突泉諸縣，西南可由多倫至山西豐鎭、寧遠諸廳。光緒三十二年，都統廷杰奏定試辦蒙鹽章程。宣統二年，度支部尚書載澤奏定山西蒙鹽辦法，謂東路以烏珠穆沁蒙鹽爲主，以蘇尼特部鹽附之。左翼有佐領二十一，右翼有佐領九。

浩齊特部，在獨石口外，至京師千八百一十五里。東西距百七十里，南北距三百七十五里。東及北烏珠穆沁，西阿巴噶，南克什克騰。

元太祖十六世孫圖嚕博羅特，再傳至庫登汗，號其部曰浩齊特。庫登汗孫德格類，號額爾德尼琿台吉。子五：長奇塔特扎幹杜稜土謝圖，次巴斯瑋土謝圖，次策凌伊勒登土謝圖，次奇塔特昆杜稜額爾德尼車臣楚琥爾，次茂海墨爾根。與察哈爾同族，爲所屬。以林丹汗不道，徙牧瀚海北，依喀爾喀。

天聰八年，所部台吉額琳臣及塔布囊巴特瑪班第圖嚕齊、宰桑僧格布延徹臣烏巴什等，攜戶口駝馬自喀爾喀內附，遣使迎宴，賚甲冑、雕鞍、蟒服、銀幣。額琳臣屬有先附者五十三戶，仍命轄之。九年，大軍收服察哈爾，策凌伊勒登土謝圖偕烏珠穆沁諸部長表貢方物。崇德元年，巴斯瑋土謝圖偕蘇尼特部來貢。二年，奇塔特昆杜稜額爾德尼車臣楚琥爾子博羅特率屬來歸。順治三年，詔授扎薩克多羅額爾德尼貝勒，後晉封郡王。八年，奇塔特扎幹杜稜土謝圖子噶爾瑪色旺攜衆至。十年，詔授扎薩克多羅郡王，以博羅特掌左翼，噶爾瑪色旺掌右翼。

康熙二十七年，詔發拜察儲粟賑其部貧戶，復命給銀。三十四年，噶爾丹侵喀爾喀，詔兩翼扎薩克選兵駐界偵禦之。三十五年，上親征噶爾丹，牧馬郭和蘇台，諭偕蘇尼特、阿巴哈納爾部長董牧務。凱旋，兩翼扎薩克率台吉等歡迎道左，諭獎飼秣得宜，並優賚監牧及修道鑿井諸弁兵。五十四年，所部歉收，以唐三營儲粟賑之，並遣官往教之漁。雍正九年，大軍剿噶爾丹策凌，詔選兵分駐克嚕倫河。十年，移駐達哩剛愛。十三年，撤還。

所部二旗：左翼駐特古哩克呼都克瑚欽，右翼駐烏默赫塞哩，隸錫林郭勒盟。爵二：扎薩克多羅額爾德尼郡王一，扎薩克多羅郡王一。是部左右翼有佐領各五。

蘇尼特部，在張家口外，至京師九百六十里。東西距四百六里，南北距五百八十里。東阿巴噶，西四子部落，南察哈爾正藍旗牧廠，北瀚海。

元太祖十六世孫圖嚕博羅特，再傳至庫克齊圖墨爾根台吉，號其部曰蘇尼特。庫克齊圖墨爾根台吉子四：長布延琿台吉，子綽爾袞，居蘇尼特西路；次布爾海楚琥爾，子塔巴海達爾漢和碩齊，居蘇尼特東路。初皆服屬於察哈爾。以林丹汗不道，徙牧瀚海北，依喀爾喀。

天聰九年，綽爾袞子叟塞偕喀爾喀車臣汗碩壘遣使貢方物。崇德二年，塔巴海達爾漢和碩齊子騰機思、騰機特、莽古岱、哈爾呼喇偕台吉、偉徵等，各遣使來朝，賜朝鮮貢物。三年，台吉務善伊勒登、多爾濟喀喇巴圖魯、色稜、達爾瑪等從征喀爾喀扎薩克圖汗，偵遁，仍還。四年春，台吉超察海、噶爾楚、瑭古特、卓特巴、什達喇、莽古思、鄂爾齋、巴圖賴、額思赫爾、僧格等來朝，賚冠服、甲胄、弓矢。冬，騰機思、叟塞各率屬自喀爾喀來歸，入覲，獻駝馬。五年正月，賜叟塞、騰機思、騰機特、莽古岱、哈爾呼喇及台吉佈達什希布、阿玉什、噶爾瑪色稜、額爾克、辰寶、茂海、伊勒畢斯等甲胄、銀幣。十月，台吉烏班岱、楝果爾、鄂爾齊、博希、沙津等來貢馬，賚冠服、鞍轡。六年，授騰機思扎薩克多羅郡王。七年，授叟塞扎薩克多羅杜稜郡王。以騰機思掌左翼，叟塞掌右翼。

順治三年，騰機思以車臣汗碩壘誘叛，率弟騰機特及台吉烏班岱、多爾濟斯喀等逃喀爾喀。上遣師偕外藩軍由克嚕倫追剿至諤特克山及圖拉河，騰機思、騰機特遁，獲其孥。烏班岱、多爾濟斯喀爲四子部落軍陣斬。師旋，以烏班岱從子託濟弗從叛，且隨剿，賜所俘。五年，騰機思及騰機特悔罪乞降，詔宥死，仍襲爵如初。康熙十年，所部歉收，詔發宣化府及歸化城賑粟儲之，復酌給馬牛羊。二十年，遣官察給兩翼災戶銀米。

二十七年，噶爾丹侵喀爾喀，詔選兵二千防汛。二十九年，噶爾丹襲喀爾喀昆都倫博碩克圖袞布，詔新部王以下願効力者，赴軍聽用。尋噶爾丹入烏珠穆沁界，諭還駐本旗要汛。三十五年，上親征噶爾丹，詔還兵赴烏勒輝聽調，以牧馬郭和蘇臺，偕浩齊特、阿巴噶、阿巴哈納爾諸部長董牧務。凱旋，諭獎飼牧得宜，並優賚監牧及修道鑿井諸弁兵。以右翼扎薩克屬旺舒克、左翼扎薩克屬博羅扎布嚮導功，賜號達爾漢。復詔郡王薩穆扎之第三子多爾濟思喀布貝勒、博木布之長子素岱會師圖拉河，緝噶爾丹。尋分右翼兵赴珠勒輝克爾阿濟爾罕、左翼兵赴伊察扎罕，以不見賊蹤，撤還。五十四年，災，詔發張家口儲粟並帑十萬，自台吉下六萬四千九百餘丁徧贍之。

雍正元年，右翼二等台吉進達克以追捕叛賊遇害，晉贈一等台吉，命視公爵致祭。子三：長噶爾瑪遜多布，封輔國公；次噶爾瑪策布騰；次恭格垂穆丕勒。以隨捕賊功，各晉台吉秩有差。噶爾瑪遜多布爵後停襲。二年，所部災，賜銀賑之。九年，調兵屯克嚕倫河，防禦噶爾丹策凌。十年，有奏商都達布遜諾爾牧廠應移蘇尼特汛者，上飭止之，令各居其牧。十二年，所部兵駐防達哩剛愛。十三年，撤還。乾隆十二年，以災告飢，遣官往賑。

所部二旗：左翼駐和林圖察伯台岡，右翼駐薩敏西勒山，隸錫林郭勒盟。爵四：扎薩克多羅郡王一；附多羅貝勒一；扎薩克多羅杜稜郡王一；附輔國公一，由貝勒降襲。洎五十六年，以是部連年被旱，又特賑之。道光十三年，右翼郡王與喀爾喀親王爭界，詔察哈爾都統凱音布往勘。尋以喀爾喀災，緩之。其地當漠南北之衝，歷代由漠南用兵漠北者，多出其途。光緒末，于蘇尼特右翼王府東北七十里置電報局，曰滂江，以通烏得叨林之電。是部亦產鹽，西南行銷山西豐寧諸廳。左翼有佐領二十，右翼有佐領十三。

阿巴噶部，在張家口外，至京師千里。東西距二百里，南北距二百有十里。東阿巴哈納爾，西蘇尼特，南察哈爾正藍旗牧廠，北瀚海。

元太祖弟布格博勒格圖，十七傳至巴雅思瑚布爾古特。子二，長塔爾尼庫同，號所部曰阿巴噶。塔爾尼庫同子二：長素僧克偉徵，子額爾德尼圖們，號扎薩克圖諸顏；次揚古岱卓哩克圖，子多爾濟，號額齊格諸顏。初稱阿嚕蒙古，服屬於察哈爾。以林丹汗不道，徙牧瀚海北克嚕倫河界，依喀爾喀車臣汗碩壘。

天聰二年，偕喀喇沁、土默特、鄂爾多斯諸部長擊察哈爾衆四萬於土默特之趙城，復約喀爾喀偕喀喇沁乞師問察哈爾罪。六年，台吉奇塔特楚琥爾擕衆五百內附。九年，大軍收服察哈爾，額爾德尼圖們孫都思噶爾等附車臣汗碩壘表貢方物。崇德四年，額齊格諸顏多爾濟自喀爾喀來歸。時有同名多爾濟者，號達爾漢諸顏，率衆皆至。六年，詔授額齊格諸顏多爾濟爲扎薩克多羅卓哩克圖郡王。順治八年，都思噶爾自喀爾喀來歸，詔授扎薩克多羅郡王。以多爾濟掌左翼，都思噶爾掌右翼，遣官定牧地。康熙六年，阿巴哈納爾部乞降，以阿巴噶牧地賜之。遣官視浩齊特、蘇尼特界外水草豐美地，指給阿巴噶移牧。二十九年，噶爾丹侵喀爾喀，詔所部王以下願効力者，赴軍聽用。復諭偕阿巴哈納爾供軍糈，兼防新降喀爾喀掠諸內扎薩克牧產。三十一年，以台吉班第額爾德尼岱青、根敦、巴雅爾、納木塔爾、扎木素、齊達什等導烏梁海衆內附，均授二等台吉。三十五年，上親征噶爾丹，牧馬郭和蘇台，諭偕浩齊特、蘇尼特、阿巴哈納爾諸部長董牧務。凱旋，諭獎飼牧得宜，並優賚監牧及修道鑿井諸弁兵。復以所部達濟桑阿嚮導功，賜號達爾漢。三十六年，王、貝子、台吉等朝正，請備馬從軍，慰令各歸所部。時有二等台吉圖把扎布色臣楚琥爾者，年八十八，諭嘉其奮志報効，優賚之。五十四年，以災歉收，詔發唐三營儲粟賑之，復賜無產台吉牧牲。雍正二年，遣官齎銀賑所部貧戶。九年，大軍剿噶爾丹策凌，徵兵駐達哩剛愛。十三年，撤還。乾隆十一年，旱災，賑之。五十四年，扎薩克卓里克圖郡王喇特納什第以事奪扎薩克，予其弟巴勒丹僧格一等台吉扎薩克。

所部二旗，左翼駐科布爾塞哩，右翼駐巴顏額倫。爵五：扎薩克多羅郡王一；扎薩克一等台吉一；附多羅卓里克圖郡王一；固山達爾漢貝子一；輔國達爾漢公一，由貝子降襲。右翼扎薩克巴勒丹僧格三傳至杜噶爾布木。咸豐七年，以報効軍需，予鎮國公銜。是部左右翼有佐領各十一。

阿巴哈納爾部，在張家口外，至京師千五十里。東西距百八十里，南北距四百三十六里。東浩齊特，西阿巴噶，南察哈爾正藍旗牧廠，北瀚海。

元太祖弟布格博勒格圖，十八傳至諾密特默克圖，號所部曰阿巴哈納爾。再傳至多爾濟伊勒登。子二：長色稜墨爾根，次棟伊思喇布。初稱阿嚕蒙古，依喀爾喀車臣汗碩壘。駐牧克嚕倫河界，其地在瀚海北。

崇德七年，有和碩泰者，台吉達喇務巴三察屬也，攜孥內附。嗣托克托伊達嚕噶、達賴等至，皆優養之。康熙元年，台吉阿喇納、噶爾瑪，宰桑固英等越瀚海南牧綽諾陀羅海近內汛。三年，色稜墨爾根復如之。守臣以聞，上知爲喀爾喀所脅，宥罪遣歸。因諭喀爾喀以噶爾拜、瀚海爲牧界，繼此有越者留勿遣。四年，喀爾喀復違諭，令阿巴哈納爾諸台吉牧瀚海南。棟伊思喇布弗之從。尋偕台吉阿喇納、噶爾瑪等率衆來歸，詔授扎薩克固山貝子。阿喇納、噶爾瑪以各攜丁七百餘，均授一等台吉。五年，色稜墨爾根亦來歸。六年，詔授扎薩克多羅貝勒，遣官指示阿巴噶部移牧他所，以舊牧地給阿巴哈納爾。色稜墨爾根掌左翼，棟伊思喇布掌右翼。二十七年，噶爾丹侵喀爾喀，哲卜尊丹巴呼圖克圖奔赴內汛，所部班第岱青、車凌岱青奉詔督兵二百往護，復選兵千三百由瀚海偵噶爾丹。先是色稜墨爾根、棟伊思喇布來歸，阿巴哈納爾諸台吉有留居喀爾喀者，至是隨哲卜尊丹巴呼圖克圖、額爾德尼台吉納木扎勒等至，曰根敦額爾克，曰阿海烏巴什，曰伊克岱青，曰額爾克烏巴什，挈屬戶千餘，詔納之。二十九年，噶爾丹復侵喀爾喀，至烏勒札河，所部選兵四千，從大軍迎擊。復以所部索諾木伊嚕爾圖嚮導功，賜號達爾漢。五十四年，以災歉收，詔發唐三營儲粟賑之，復賜無產台吉牲牧。雍正二年，遣官齎銀賑所部貧戶。九年，大軍剿噶爾丹策凌，檄兵駐達哩剛愛。十三年，撤還。

所部二旗：右翼駐昌圖山，左翼駐烏勒扈陀羅海。爵二：扎薩克多羅貝勒一，扎薩克固山貝子一。扎薩克貝子棟伊思喇布十傳至東林多爾濟。宣統元年，以報効軍需，賜郡王銜，世襲貝勒。左翼有佐領九，右翼有佐領七。

是部與烏珠穆沁、浩齊特、蘇尼特、阿巴噶四部合爲十旗，統盟於錫林郭勒。於內扎薩克東四盟中距京稍遠，風氣獨守舊，迄清季無招墾之事。察哈爾都統行文令辦新政，其盟覆文頗不遜。咸豐中，嘗徵其兵備防，旋以不得力，撤之。同治中，以回匪東竄，徵其盟駝隻濟軍。

清史稿卷五百二十

列傳三百七

藩部三

四子部落　茂明安　喀爾喀右翼　烏喇特

鄂爾多斯　阿拉善　額濟訥

四子部落，在張家口外，至京師九百六十里。東西距二百三十五里，南北距二百四十里。東及北蘇尼特，西歸化城土默特，南察哈爾鑲紅旗牧廠。

元太祖弟哈布圖哈薩爾十五世孫諾延泰與其兄昆都倫岱青遊牧呼倫貝爾，均稱阿嚕蒙古。昆都倫岱青裔詳阿嚕科爾沁部傳。諾延泰子四：長僧格，號墨爾根和碩齊；次索諾木，號達爾漢台吉；次鄂木倆，號布庫台吉；次伊爾扎木，號墨爾根台吉。四子分牧而處，後遂爲其部稱。

天聰四年，阿嚕諸部長內附，伊爾扎木來獻駝馬貂皮，賜宴，命坐大貝勒代善右以優異之。五年，僧格從征明大凌河，敗錦州援兵，獻俘百餘。賜酒勞飲，給陣獲甲仗。六年，僧格從征察哈爾。七年，索諾木、鄂木佈、伊爾扎木相繼獻駝馬，賚甲冑、雕鞍、鞓帶及幣。八年，鄂木佈、伊爾扎木復獻駝馬，命諸貝勒以次宴之。尋遣大臣赴碩翁科爾定諸藩牧，以都木達都騰格里克、鄂多爾台爲其部牧界。九年夏，伊爾扎木隨大軍收察哈爾汗子額哲，盡降其衆。冬，獻駝馬、貂皮。崇德元年，宣諭朝鮮，其部伊爾遜德齎書從，遇明皮島兵，擊斬二人，還，得優賚。是年，授鄂木佈扎薩克，俾統四子部落。三年，伊爾扎木從征明山東。四年，從征松山。師旋，以前遣兵不及額，又弗朝正，議奪所屬人戶。詔從寬罰牲畜。五年，來朝，賚甲冑、弓矢、綵幣。六年，上親征明，圍松山，其部將都爾拜隨大軍設伏高橋及桑阿爾齋堡，追杏山逃卒，獲之。

順治元年，從入山海關，擊流賊李自成。六年四月，追敍所屬昂安導鄂木佈等來歸功，予世職。康熙十年，所部歉收，詔以宣府及歸化城儲粟賑之。十三年，調兵協剿陝西叛賊王輔臣，諭嘉其聞命卽赴。十四年，由寧夏進剿，尋分防太原、大同。十五年，調赴河南，聽江西大軍檄剿逆藩吳三桂。十七年，以厄魯特額爾德尼和碩齊等掠烏喇特牧，諭嚴防汛。

二十一年，詔發大同、宣府儲粟賑所屬貧戶，復以察哈爾牧產贍之。二十九年，選兵赴圖拉河偵噶爾丹。會噶爾丹由喀爾喀河追襲昆都倫博碩克圖袞布，詔移兵駐歸化城，尋撤還。二十四年，諭備兵聽西路軍調。三十五年，隨大將軍費揚古敗噶爾丹於昭莫多，復簡兵百與茂明安兵百防喀爾喀親王善巴汛。三十六年，朔漠平，賜從征及坐塘監牧諸弁兵銀。雍正九年，從剿噶爾丹策凌。乾隆十一年，賑是部災。十八年，議剿達瓦齊，詔購駝馬送軍。

所部一旗，駐烏蘭額爾濟坡。其爵爲扎薩克多羅達爾漢卓哩克圖郡王。同治中，以回匪東竄，命副都統杜嘎爾軍擇駐其地，以當漠南北之衝。徵駝馬備防戍裹臺差，皆較他部爲亟。光緒十一年，察哈爾都統紹祺以勘土默特、達拉特爭界事經其部，奏：「四子王旗幫台駝馬，自同治年間藉詞西北軍興，差役繁重，潛自回旗，至今十餘年之久，屢催罔應。所屬部落，聞私墾者十已七八。請下理藩院嚴催。」詔從之。二十六年，拳、教相仇，是部釀禍頗鉅。事定，議給教堂賠欵銀十一萬兩。二十九年，置山西武川廳同知，以是部及茂明安、喀爾喀右翼寄居人民村落隸之。自回匪平，山西大同鎮練軍駐其地，設防卡。其後綏遠城將軍督辦墾務，貽穀屢奏請飭認墾。三十一年，是部呈因債作抵之忽濟爾圖地一段，請由官局放墾。三十二年，呈所部之察罕依嚕格勒圖地段認墾。有佐領二十。是部與茂明安、喀爾喀右翼、烏喇特同盟于烏蘭察布。綏遠城將軍節制烏蘭察布、伊克昭二盟，故重大事件皆由將軍專奏焉。

茂明安部，在張家口外，至京師千二百四十里。東西距百里，南北距百九十里。東喀爾喀右翼，西烏喇特，南歸化城土默特，北瀚海。

元太祖弟哈布圖哈薩爾十三世孫鄂爾圖鼐布延圖子錫喇奇塔特，號土謝圖汗。有子三：長多爾濟，次固穆巴圖魯，次桑阿爾濟洪果爾，游牧呼倫貝爾，均稱阿嚕蒙古。多爾濟號布顏圖汗。子車根，嗣爲茂明安部長。天聰七年，偕固倫巴圖魯暨台吉達爾瑪岱袞、烏巴什等攜戶千餘來歸，獻駝馬。八年，台吉揚固海杜凌、烏巴海、達爾漢巴圖魯、瑚稜、都喇勒、巴特瑪、額爾忻岱青、阿布泰繼至，均賜宴，賚甲冑、雕鞍、銀幣。九年，烏巴海、達爾漢巴圖魯、都喇勒叛逃喀爾喀，遣兵由鄂諾河往勦，至阿古庫克特勒，斬叛屬千餘；追至喀木尼哈，盡俘以還。崇德三年，巴特瑪、瑚稜等從征喀爾喀扎薩克圖汗，偵遁，乃還。嗣征明山東，及蘇尼特、喀爾喀，皆以兵從。

康熙三年，授車根長子僧格扎薩克，俾統其衆。十三年，調兵勦陝西叛鎮王輔臣。十四年，駐防大同。十五年，調赴河南，聽江西大軍檄勦逆藩吳三桂。十九年，以厄魯特羅卜藏丹台吉等掠其部牧產，遣官諭厄魯特察歸所掠。二十七年，噶爾丹侵喀爾喀，諭嚴防汛。二十九年，噶爾丹襲喀爾喀昆都倫博碩克圖衮布，踰烏勒扎河，詔選兵駐歸化城。三十五年，從西路大軍擊噶爾丹。三十六年，朔漠平，賜從征弁兵銀。五十四年，所部歉收，以呼坦和朔儲粟賑之。雍正九年，從剿噶爾丹策凌，分兵赴固爾班賽堪駐防。十年，移駐伯格爾。十三年，撤還。

所部一旗，駐牧徹特塞哩，隸烏蘭察布盟。爵二：扎薩克一等台吉一，附多羅貝勒一。道光十二年，與土默特爭界，命松筠往勘。八月，覆奏茂明安及達爾漢貝勒等所爭土默特游牧，有乾隆年間原案、原圖，並所設封堆鄂博，向該台吉等逐加指示，心俱輸服。令按舊定界址各守游牧，毋相侵越。同治中，回匪東竄，是部被擾。九年十二月，綏遠城將軍定安奏獲茂明安等旗肆掠馬賊巴噶安爾等，誅之。十年，茂明安扎薩克綽克巴達爾琥等，以違悞台站議處。是年，肅州回匪東竄烏拉特境，定安遣侍衞成山統吉林馬隊駐是部。光緒末，綏遠城將軍貽穀督墾，勸諭報地。三十三年，呈交水壕、帳房塔兩處地段認墾。實則是部租給商民墾地頗多，境內漢民村落亦衆。有佐領四。

喀爾喀右翼部，在張家口外，至京師千一百三十里。東西距百二十里，南北距百三十里。東四子部落，西茂明安，南歸化城土默特，北瀚海。

元太祖十六世孫格哷森扎扎賚爾琿台吉，有子七，號喀爾喀七旗，分東、西、中三路，以三汗掌之。其第三子諾諾和偉徵諾顏，有子二：長阿巴泰，號鄂齊賴賽因汗，爲中路土謝圖汗祖；次阿布琥，號墨爾根諾顏。子三：長昂噶海，襲父墨爾根號；次喇琥里，號達賴諾顏，生本塔爾、巴什希、色爾濟、扎木素、額璘沁；次圖豪肯，號昆都倫諾楞，子車顏都朗，生衮布，皆爲喀爾喀中路台吉，隸土謝圖汗。

順治十年二月，本塔爾以與土謝圖汗衮布隙，偕弟巴什希、扎木素、額璘沁及衮布，率戶千餘來歸。色爾濟獨留喀爾喀，其孫禮塔爾後來歸，授扎薩克台吉。見土謝圖汗部傳。三月，詔封本塔爾爲扎薩克和碩達爾漢親王，統其衆，賜牧塔嚕渾河，與內扎薩克諸部列，是爲喀爾喀右翼。其稱左翼者，爲貝勒衮布伊勒登，亦自喀爾喀來歸，受封在本塔爾後，互見其傳。

康熙二十五年，喀爾喀扎薩克圖汗沙喇與土謝圖汗察琿多爾濟搆釁，遣大臣蒞盟於庫倫伯勒齊爾，由歸化城齎糧往，詔所部扎薩克選駝助運。二十七年，選兵駐邊偵噶爾丹。二十九年，調赴圖拉河，酌留兵之半駐歸化城。三十一年，詔發殺虎口倉粟賑其屬貧戶。三十五年五月，從大將軍費揚古由西路敗噶爾丹於昭莫多，凱旋，詔留軍營餘米給部衆。

十月，發軍前馬瘠者留其地飼牧。三十六年，費揚古檄所部兵會大軍於喀爾喀郡王善巴界。師旋，賚從征兵銀。五十四年三月，因久雪傷牧產，詔發呼坦和朔儲粟賑之。雍正九年，大軍剿噶爾丹策凌，詔簡兵駐歸化城。十年，復隨鄂爾多斯郡王扎木揚駐烏喇特西界。十三年，撤還。乾隆四年，遣大臣察閱備調兵，頒賞有差。

所部一旗，駐牧塔嚕渾河。爵四：扎薩克多羅達爾漢貝勒一，由親王降襲；附固山卓哩克圖貝子一，由郡王降襲；固山貝子一；鎮國公一。道光十二年，與土默特爭界，松筠往勘，仍如舊界定之。同治十一年，肅州回匪東竄烏喇特，杜嘎爾遣侍衞永德率兵進駐是部之和林果爾一帶堵截之。四月，杜嘎爾進軍剿竄賽盟阿爾必特公等旗之匪，飭是部與四子部落委員雇覓民駝趣應軍需。光緒末，議與西盟墾務。是部報卓克蘇拉塔一帶地段認墾。有佐領四。

烏喇特部，在歸化城西，至京師千五百二十里。東西距二百十五里，南北距三百里。東茂明安及歸化城土默特，西及南鄂爾多斯，北喀爾喀右翼。

元太祖弟哈布圖哈薩爾十五世孫布爾海，游牧呼倫貝爾，號所部曰烏喇特。子五：長賴噶，次布揚武，次阿爾薩瑚，次布嚕圖，次巴爾賽。後分烏喇特為三，賴噶孫鄂木布，巴爾賚次子哈尼斯青台吉之孫色稜，及第五子哈尼泰冰圖台吉之子圖巴，分領其衆，統號阿嚕蒙古。

天聰七年，率屬來歸，貢駝馬。八年，從大軍征明，由喀喇鄂博入得勝堡，略大同，克堡三、臺一。師旋，以柰曼、翁牛特部違令罪各罰駝馬，詔分給所部。嗣征朝鮮、喀爾喀及明錦州、松山、薊州，皆以兵從。順治五年，敍功，時鄂木布、色稜已卒，以圖巴掌中旗，鄂木布子諤班掌前旗，色稜子巴克巴海掌後旗，各授扎薩克，封鎭國公、輔國公爵有差。

康熙二十六年，上閱兵盧溝橋，命其部來朝人從觀。二十七年，噶爾丹侵喀爾喀，諭嚴防汛。二十九年，噶爾丹襲喀爾喀昆都倫博碩克圖衮布，踰烏勒扎河，命選兵駐歸化城。三十年，以自厄魯特來歸之巴圖爾額爾克濟農和囉理叛逃，詔備兵五百偵剿。三十一年，和囉理降，撤所備兵歸。三十五年，從西路大軍敗噶爾丹於昭莫多。三十六年，朔漠平，上由寧夏凱旋。四等台吉南春迎覲賀捷，稱旨，晉授一等台吉，並優賚從征及坐塘、監牧、鑿井諸弁兵。三十八年，以其屬有貧爲盜者，諭諸扎薩克敎養之。五十四年，所部歉收，以呼坦和朔儲粟賑之。雍正九年，大軍剿噶爾丹策凌，諭選兵防游牧。乾隆十九年，議剿達瓦齊，詔購駝馬送軍。

所部三旗，駐牧哈達瑪爾。爵三：扎薩克鎭國公二，輔國公一。是部墾事最先。乾隆三十年，卽將沿河牧地私租民人耕種。五十七年，以積欠商人二萬兩，允佃種五年之限。道光十二年，扎薩克鎭國公巴圖鄂齊爾充烏蘭察布盟盟長，以茂明安等旗爭地不報歸化城副都統，輒向理藩院越訴，奪盟長。咸豐三年，綏遠城將軍盛壎奏：「烏拉特三公旗生齒日繁，漸形窮苦。賒欠民人債物，及備辦軍台差使借貸銀錢，無力償還，陸續私租地畝數十處，每處寬長百十里或數十里。酌擬變通，分別應禁應開。」下所司議行。

同治七年，回匪東竄，擾後套，山西大同鎭總兵馬陞督兵往昆都崙、溝台梁一帶防勦。九年，將軍定安奏：「烏拉特河北後套夙稱產糧之區，而糧所由產，皆出於內地民人私種蒙古游牧之地。現金順、張曜、老湘、卓勝各營軍糧無不購買於此。擬請將三公旗游牧墾出地畝，無論應開應禁，均暫准種耕，責令按畝收租，留備各項差使之用。所產糧石供各路軍糈。」時回匪陷磴口，擾及是部後套一帶。二月，諭定安遣宋慶一軍赴舍太一帶勦除北路竄匪。尋鄂爾多斯貝子烏爾那遜督隊擊退。六月，諭定安等勸烏拉特居民趕興耕作，以裕足食之源。十二月，諭金順防範烏拉特三旗地方游弋回匪。十年三月，回匪復自賽音諾顏之阿米爾畢特公旗擾是部中公旗洪庫勒塔拉地方。六月，匪又擾中公旗之什巴克台。杜嘎爾奏：「吉額、洪額等軍大敗之于布特地方，金運昌遣提督王鳳鳴勦前竄洪庫勒塔拉之匪于奔巴廟、察洪噶爾廟，皆殄之。」其後肅州回匪平，烏拉特始息警。自征回軍興，西路文報及軍需駝馬，皆由是部設台分段接替，至阿拉善而止。西陲肅清，始復舊制。」

二十三年，山西巡撫胡聘之請開烏拉特三湖灣地方屯墾。旣得俞旨，理藩院以蒙盟呈有礙游牧，格其議。二十九年，護山西巡撫趙爾巽、吳廷斌先後奏置五原廳同知，以是曁鄂爾多斯之達拉特、杭錦兩旗寄居民人村落隸之。時兵部侍郎貽穀督墾，派員勸報地。三十三年，奏烏拉特前旗以達拉特旗東之什拉胡魯素、紅門兎等地段，後旗以黃河西岸之紅洞灣地段，中旗以黃河西岸熟地莫多、噶魯泰兩段報墾，並修壩工，擴渠道，防衝突，暢引灌。仍以民多官少，防範難周，蒙人時有爭渠阻墾情事入告。是部中旗有佐領十六，前旗十二，後旗六。

鄂爾多斯部，在河套內，至京師千一百里。東歸化城土默特，西阿拉善，南陝西長城，北烏喇特。東西北三面皆距河，袤延二千餘里。

元太祖十六世孫巴爾蘇博羅特始居河套，爲鄂爾多斯濟農。子袞弼哩克圖墨爾根繼之。有子九，分牧而處，今鄂爾多斯七扎薩克皆其裔。長諾顏達喇襲濟農號，爲扎薩克郡王額璘臣一旗祖；次巴雅斯呼朗諾顏，爲扎薩克貝勒善丹一旗祖；次偉達爾瑪諾顏，爲扎薩克貝子沙克扎、鎭國公小扎木素二旗祖；次諾們塔喇尼華台吉，爲扎薩克貝子額琳沁一旗祖；次玻揚呼哩都噶爾岱青，爲扎薩克台吉定咱喇什一旗祖；次巴雅喇偉徵諸顏，爲扎薩克貝子色稜一旗祖；次巴特瑪薩木巴斡；次納穆達喇達爾漢諸顏；次翁拉罕伊勒登台吉：皆爲濟農，屬察哈爾。

林丹汗虐，其部濟農額琳臣與喀喇沁、阿巴噶諸部長敗察哈爾兵四萬於土默特之趙城。天聰九年，大軍收林丹汗子額哲於黃河西托里圖地，未至，額璘臣私要額哲盟，分其衆以行。我軍追及之，索所獲，額璘臣懼，獻察哈爾戶千餘。自是所部內附，頒授條約。

順治元年，選兵隨英親王阿濟格赴陝西剿流賊李自成。二年，師旋，得優賚。六年，台吉大扎木素及多爾濟叛劫我使圖嚕錫。敕曰：「聞爾等背叛，卽欲加兵。但念受朕恩有年，且生靈堪惜，故不忍遽用干戈。爾能悔過來朝，卽宥罪恩養。儻恃險不卽歸順，當發兵窮爾蹤跡，必不容爾偷生。」時額璘臣偕同族固嚕岱青善丹、小扎木素、沙克扎、額琳沁、色稜等，攜自額濟內阿喇克鄂拉徙牧博羅陀海。上嘉其不助逆，詔封郡王、貝勒、貝子、鎭國公有差，各授扎薩克，凡六旗。七年，大扎木素降，詔宥其罪。諭多爾濟降，不從。九年，遣兵擒斬多爾濟於阿拉善。

康熙十三年冬，調所部兵三千五百會剿陝西叛鎭王輔臣。十四年，復神木、定邊、花馬池各城堡，敍功，晉扎薩克等爵，台吉各加一級。二十七年，噶爾丹侵喀爾喀，奉詔簡兵二千防汛。三十五年，上親征噶爾丹，至所部界，扎薩克等率屬渡河朝御營，獻馬。上手諭皇太子曰：「朕至鄂爾多斯地方，見其人皆有禮貌，不失舊時蒙古規模。各旗俱和睦如一體，無盜賊，駝馬牛羊不必防守。生計周全，牲畜蕃盛，較他蒙古殷富。圍獵嫺熟，雉兔復多。所獻馬皆極馴，取馬不用套竿，隨手執之。水土食物皆甚相宜。」三十六年，允扎薩克等請設站阿都海，軍奏及糧運俱由其地行。時扎薩克等率兵扈蹕，頒賚白金。是年冬，理藩院劾運米遲誤罪，詔寬免。五十一年，諭曰：「鄂爾多斯饑饉洊臻，戶口流散，可速遣官察覈，務令各遂生業。」五十二年，詔定其部牧界。先是郡王松喇布請暫牧察罕托輝，尙書穆和倫等往勘，議於柳墊、剛柳墊、房墊、西墊四臺外，暫令駐牧。至是寧夏總兵范時捷奏：「察罕托輝係版圖內地，蒙古遊牧與民樵採混雜，不便。請令仍以黃河爲界。」遣官勘，議從時捷所請。五十四年，詔簡兵二千從大軍防禦策妄阿喇布坦。五十五年，所部歉收，遣官往賑，凡七千九百餘戶，三萬一千餘丁。雍正元年，復命賑恤。十年，以調赴固爾班賽堪兵三千，不堪用者五百，又中途逃歸四百餘，爲將軍達爾濟所劾，論王、貝勒、貝子等罪，各降爵。尋以次予復。

乾隆元年，詔增設一旗，以一等台吉定咱喇什領之，授扎薩克。是年，允陝西楡林、神木等處民邊種鄂爾多斯餘閒套地完租。四十九年，陝甘總督福康安奏：「黃河改向西流，原在河西民人反在河東。鄂爾多斯蒙古貪利，濫以現行黃河爲界，謂民人占據所部游牧地方。」命侍郎賽音博爾克圖往勘，仍如前黃河舊流之地爲界，釘樁立碑。

所部七旗，自爲一盟，曰伊克昭。與哲哩木、卓索圖、昭烏達、錫林郭勒、烏蘭察布五盟同列內扎薩克。左翼前旗，一名準噶爾旗，駐札勒谷。左翼中旗，一名郡王旗，駐敖西喜峯。左翼後旗，一名達拉特旗，駐巴爾哈遜湖。右翼前旗，一名烏審旗，駐巴哈池。右翼中旗，一名鄂拓克旗，駐西喇布哩都池。右翼後旗，一名杭錦旗，駐鄂爾吉虎泊。後增一旗，曰左翼前末旗，一名扎薩克旗。爵八：扎薩克多羅郡王一；附輔國公一；扎薩克多羅貝勒一；扎薩克固山貝子四，一由鎭國公晉襲；扎薩克一等台吉一。

是部墾事最早。乾隆以後，是部招墾民人近陝西者，分隸陝西神木、定邊兩理事同知，及神木、府谷、懷遠、靖邊、定邊等縣。近山西者，分隸薩拉齊、托克托城、淸水河三廳，偏關、河曲等縣。而因地滋爭之案亦時有。道光八年，達拉特旗之才吉、波羅塔拉地方，以抵還債項，奏准租給商種五年。十四年，綏遠城將軍彥德奏：「達拉特旗台吉人等招民私墾驛站草地，致越界侵種，其旗游牧地方貝子親往驅逐。民人恃衆，砍傷二等台吉薩音吉雅等。」詔山西巡撫鄂順安派員捕治之。其後相沿奉部文而承種者有之，由台吉私放者有之，由各廟喇嘛公放者有之。開墾頗多，產糧亦盛。

同治初元，回匪役興，辦團練，購糧儲，皆取濟於此。是年，調鄂爾多斯兵赴甘協剿。六年，回匪屢入境，皆爲貝子扎那格爾第兵所敗。七年正月，陝西寧條梁之陷，匪遂大入游牧，南自依克沙巴爾、北至固爾根柴達木，焚掠殆遍。要地如古城、答拉寨、十里長灘諸處皆不守。蒙兵不能戰，屢請撤退。四月，綏遠城將軍德勒克多爾濟奏飭扎那格爾第簡精壯蒙兵五百，合準噶爾旗壯丁及察哈爾馬隊各五百，均歸統帶，擇駐神木要隘，相機迎剿。別以達拉特旗兵五百駐適中草地。朝旨飭寧夏副都統金順一軍援之。六月，金順深入蒙地，遇匪于野狐井、門家梁、王家溝，皆捷。嵩武軍統領提督張曜一軍亦赴援，屢挫之，古城、十里長灘之匪皆遁。張曜又敗匪于達拉特旗，進駐古城。而竄杭錦、烏審、郡王等旗之匪，亦爲綏遠城將軍所遣達爾濟一軍所敗。是爲鄂部七旗初次肅淸。綏遠城將軍定安遂奏撤伊克昭盟兵一千九百回本游牧防守，仍留前挑兵五百，令扎那格爾第統帶探賊進剿。十二月，阿拉善之磴口不守，回匪又大入，昭鹽海子、纏金一帶皆被擾。時匪自磴口水路進撲，副都統杜嘎爾派參領成山等合烏爾圖那遜兵分往纏金及阿拉善旗烏蘭木頭地方剿之，匪皆敗遁。六月，張曜自古城進剿，屢敗匪于察罕諾爾、沙金托海，追至賀蘭山，達爾濟、扎那格爾第兩軍擊殄杭錦、達拉特、郡王諸旗之匪。朝旨又增遣宋慶一軍西援。八月，敗擾郡王旗之匪于東嶺，擊退擾烏審、鄂拓克等旗之匪，進至哈拉寨。金順軍磴口，張曜軍寧夏，沿途自舍太至三道河、石嘴山皆駐官軍。宋慶是冬追剿逆于準噶爾、昭盤海子諸處，悉殄之。九年，金積回匪以官軍攻急，自石嘴北犯，冀梗我運道。於是沙金托海以西匪騎出沒，而準噶爾、杭錦、鄂拓克諸旗復擾。宋慶、達爾濟諸軍復進剿，迭捷。七月，烏審旗管帶官赤樓多爾濟以剿匪陣亡于霍里木廟，然各旗亦屢挫來擾之匪。梅楞章京扎棟巴等以剿挫陝西懷遠邊外之匪，予優獎。是部再告奠定。至金積蕩平，而警報始息。歷次陣亡蒙旗官兵及出力者，均時予卹獎。其纏金諸地，則山西仍置防戍。

光緒二年，邊外馬賊肆擾，是部達拉特、杭錦等旗地戶商人蹂躪特重，渠廢田蕪，迄不可復。十年，伊克昭盟長貝子扎那濟爾迪呈：「準噶爾旗以頻年荒歉，請開墾空閒牧場一段，東西八十里，南北十五里，收租散賑，接濟窮蒙。」下理藩院議行。以招種民人分隸山西河曲、陝西府谷。時歸化城土默特與達拉特旗以黃河改道爭界，署山西巡撫奎斌、大理寺少卿郭勒敏布以綏遠城將軍斷分之案偏袒土默特，奏劾。命察哈爾都統紹祺往勘，援乾隆五十一年黃河舊漕爲斷之諭，以南之地四成歸達拉特，以北之地六成歸土默特。尋經勘定，北自烏拉特界，南至準噶爾界，達拉特應分地周六百四十八里。十二年，伊犂領隊大臣長庚奏纏金等處宜開屯田。山西巡撫剛毅覆奏：「纏金卽才吉地，在河北外套伊克昭盟之達拉特、杭錦兩旗牧界。河自改行南道，蒙古始招商租種分佃，修成渠道。西則纏金，計共五渠，東則後套，計共三渠，紆迴約二百里，中間支渠曲折蜿蜒，不可枚數。後遭馬賊之擾，不特纏金、牛𤆵商號不過數家，卽後套左右亦只二百餘家。達拉特旗昔歲收租銀十萬，近所收租錢不及三千串。閱伍至薩拉齊之包頭，面與伊克昭盟長貝子扎那吉爾迪籌商，謂當明示各旗，斷不使該旗牧界日久歸於民人。」因上議屯三端：曰分段，曰修渠，曰設官。下所司議，格。二十六年拳匪之案，鄂爾多斯七旗，如達拉特、鄂拓克、烏審、準噶爾各旗，釀禍均重。事定，議有賠款。達拉特一旗至三十七萬兩。教堂欲得銀，蒙旗欲抵地，久未結。

二十八年，命兵部侍郎貽穀辦晉邊墾務，咨調烏、伊兩盟長詣歸化商訂，迄未至，而呈理藩院請免開辦。廷旨下院嚴飭盟長迅與貽穀等會商，不得推諉。於是貽穀等先以贖還達拉特旗教案熟地二千頃給銀十七萬兩者，爲墾務入手之策。二十九年，達拉特、杭錦兩旗始派員就議報墾，郡王、鄂拓克、烏審、準噶爾、扎薩克五旗亦相繼報地，而杭錦旗貝子阿爾賓巴雅爾時充盟長，仍請緩辦，堅拒出具交地印文。三十年，貽穀以抗不遵辦，掣動全局劾之，以副盟長烏審旗貝子察克都爾色楞代署。三月，套匪滋事，山西練軍平之。九月，察克都爾色楞等以烏審、扎薩克兩旗公中之地，北起阿拜素、南至巴蓋補拉克一段，歸官報墾，祝皇太后七旬萬壽。予察克都爾色楞郡王銜，沙克都爾扎布鎭國公銜。三十一年二月，阿爾賓巴雅爾復呈悔過情形，報出杭錦旗中巴噶地一段。貽穀奏烏、伊兩盟地皆封建，與察哈爾之比於郡縣者不同，定押荒歲租皆一半歸官，一半歸蒙，別提修渠費。旨下所司知之。七月，貽穀奏：「杭錦、達拉特兩旗地戶將原有各渠報効歸公，因改長勝渠名長濟，纏金渠名永濟，挑濬深通，老郭等渠以次及之，計可溉田萬頃。後套地必附渠，渠日加多，即地日廣。就現在應收之款，悉歸工作，回環挹注，務竟其功。請各旗押荒地租各款應歸公者，均暫緩提撥，備渠工大修之費。」九月，準噶爾旗協理台吉丹丕爾不悅於墾，糾衆抗阻，攻劫局所，貽穀遣兵捕治之。三十二年，貽穀奏定郡王等五旗旱地押荒歲租。陝西巡撫恩壽會奏以郡王、扎薩克兩旗墾地置東勝廳，隸山西歸綏道。三十三年，貽穀蒙譴，復阿爾賓巴雅爾盟長。信勤、瑞良等相繼爲墾務大臣。

是部墾事進行未廢。佐領即左翼中旗十七，右翼中旗八十四，左右翼前旗各四十二，左翼後旗四十，右翼後旗三十六，左翼前末旗十三。

阿拉善厄魯特部，至京師五千里。東鄂爾多斯，西額濟訥，南寧夏、涼州、甘州，北踰瀚海接賽音諾顏、扎薩克圖盟。袤延七百餘里，即賀蘭山地駐牧蒙古。

系出元太祖弟哈布圖哈薩爾，與和碩特同族。和碩特舊爲四額魯特之一，故稱額魯特部。哈布圖哈薩爾十九傳至圖魯拜琥，號顧實汗。有子巴延阿布該阿玉什，兄拜巴噶斯初育以爲子。後自生子二：長鄂齊爾圖，次阿巴賴。游牧河西套，稱西套厄魯特。巴延阿布該阿玉什號達賴烏巴什。子十六，居西套者，曰和囉理，曰墨爾根，曰額爾克，曰都喇勒，曰哈什哈，曰陀音，曰土謝圖羅卜藏，曰博第，曰多爾濟扎布，曰諾爾布扎木素，曰愛博果特，曰鄂木布。和囉理號巴圖爾額爾克濟農，以來歸授扎薩克，賜牧阿拉善，諸昆弟子姓隸之。其居青海者，曰扎布，曰阿南達，曰伊特格勒，曰巴特巴。扎布授扎薩克，領其族。見青海厄魯特部傳。鄂齊爾圖號車臣汗，子三：長額爾德尼，子噶勒丹多爾濟；次噶爾第巴，子羅卜藏袞布阿拉喇布坦；次伊拉古克三班第達呼圖克圖。後皆絕嗣。阿巴賴裔爲準噶爾所掠，故不著。

順治四年，鄂齊爾圖遣使貢駝馬。六年，阿巴賴繼至。七年，鄂齊爾圖使至，以喀爾喀熅蘇尼特部長騰機思叛，奏稱：「力能鋤逆，當相機爲之。否則亦必修貢如初，不敢稍萌異志。」諭絕喀爾喀，勿私通好。嗣因額爾德尼、噶爾第巴、伊拉古克三班第達呼圖克圖及所部台吉、宰桑等朝貢，至者相接。

準噶爾台吉噶爾丹游牧阿爾台，號博碩克圖汗，覬爲厄魯特長。鄂齊爾圖妻以孫女阿努，尋與隙。康熙十六年，噶爾丹以兵襲西套，戕鄂齊爾圖，破其部。鄂齊爾圖妻曰多爾濟喇布坦，與喀爾喀墨爾根汗額列克妻，皆土爾扈特汗阿玉奇女兄也。額列克孫察琿多爾濟號土謝圖濟汗，偵噶爾丹侵鄂齊爾圖兵援之不及，多爾濟喇布坦奔土爾扈特。噶爾丹遣使獻俘，諭曰：「鄂爾齊圖汗與噶爾丹向俱納貢。今噶爾丹侵殺鄂齊爾圖，獻所獲弓矢等物，朕不忍納也。其卻之！」西套厄魯特既潰，或奔依達賴喇嘛，或被噶爾丹掠去。和囉理率族屬避居大草灘，廬幙萬餘，守汛者遣之去，仍逐水草，徒戀處邊外。

有楚琥爾烏巴什者，噶爾丹叔父也。子五：長巴哈班第，次阿南達，次羅卜藏呼圖克圖，次犖章，次羅卜藏額琳沁。噶爾丹以私憾襲殺巴哈班第，執楚琥爾烏巴什及羅卜藏額琳沁等禁之。巴哈班第子罕都爲和囉理甥，時年十有三。其屬額爾德尼和碩齊攜之逃，以兵四百掠烏喇特戶畜，竄就和囉理，居額濟訥河。喀爾喀台吉畢瑪里吉哩諦偵以告。會青海墨爾根台吉等察獻額爾德尼和碩齊所掠，遣使詰知爲準噶爾屬，諭噶爾丹捕額爾德尼和碩齊治罪，幷收和囉理歸牧，或非所屬當以告。二十二年，噶爾丹奏和囉理等歸，達賴喇嘛已遣使召請，以丑年四月爲限。是年蓋歲在亥。二十三年，罕都偕額爾德尼和碩齊遣使貢，請宥掠烏喇特罪，而和囉理戚屬嘗掠茂明安諸部牧產，前以服罪故宥之。至是諭曰：「和囉理既免罪，額爾德尼和碩齊等著一體赦。所貢准上納。」

先是羅卜藏袞布阿喇布坦避噶爾丹，走唐古特。以達賴喇嘛言，表請賜居龍頭山，轄西套遺衆。命兵部督捕理事官拉都琥往勘。奏言：「龍頭山，蒙古謂之阿拉克鄂拉，乃甘州城北東大山，山脈緜延邊境。山口卽邊關，建夏口城，距滋川堡五里；山盡爲寧遠堡，距龍頭山里許，有昌寧湖界之。內地兵民耕牧已久，不宜令新附蒙古居。」上可其奏。

羅卜藏袞布阿喇布坦徙牧布隆吉爾，土謝圖汗琿多爾濟以女妻之。專聞，諭廷臣曰：「前鄂齊爾圖汗爲噶爾丹所戕，其孫羅卜藏袞布阿喇布坦往求達賴喇嘛指授所居之地，達賴喇嘛令駐牧阿拉克鄂拉，因以爲請。鄂齊爾圖汗從子和囉理前沿邊駐牧罾曾，檄噶爾丹收取之，令羅卜藏袞布阿喇布坦與喀爾喀互爲犄角。噶爾丹欲以兵向和囉理等，則恐喀爾喀躡之；欲以兵向喀爾喀，則恐和囉理等襲之。此必非噶爾丹所能收取也。」二十四年，和囉理請賜敕印鈐部衆。廷臣以游牧未定，議不允。諭曰：「和囉理等以避亂，故離其舊牧，來至邊境，劫掠茂明安、烏喇特諸部，本應卽行殄滅。朕俯念鄂齊爾圖汗世奉職貢，恪恭奔走，兼之彼亦迫於飢困，是以宥其罪戾。又羅卜藏袞布阿喇布坦係鄂爾齊圖汗孫，爲和囉理從子，應令聚合一處。其遣官往諭朕旨，度可居地歸併安置，封授名號，給賜金印璽書，以示朕興滅繼絕至意。」理藩院尙書阿喇尼遵旨往諭。和囉理奏：「皇上令臣等聚處，乃殊恩。達賴喇嘛亦謂羅卜藏袞布阿喇布坦居布隆吉爾，地隘草惡，不若與臣同處。臣等欲環居阿喇克山陰，遏寇盜，靖邊疆。令部衆從此地而北，當喀爾喀台吉畢瑪里吉哩諦牧地，由噶爾拜瀚海、額濟訥河、姑喇奈河、雅布賴山、巴顏努魯、喀爾占、布爾古特、洪果爾鄂隆以內，東倚喀爾喀丹津喇嘛牧，西極高河居之。」

奏至，遣使諭達賴喇嘛曰：「噶爾丹滅鄂齊爾圖汗時，和囉理及羅卜藏袞布阿喇布坦等紛紜離散，來至邊境，又以生計窘迫，妄行刦掠。朕宥其罪，不卽發兵勦滅。和囉理等亦戴朕恩，屢請敕印，依朕爲命。朕前諭噶爾丹收取，彼約以丑年四月爲期，今逾期已數月矣。伊等骨肉分離，散處失所，朕心殊爲惻然！鄂齊爾圖汗於爾喇嘛爲護法久矣，何忍漠視其子孫宗族至於窮困？今朕欲將伊等歸併安置，爾喇嘛其遣使與朕使偕往定議！」

二十五年，達賴喇嘛奏已遣使，上遣拉都琥往會勘。拉都琥偕達賴喇嘛使約和囉理至東大山北，語之曰：「爾所謂噶爾拜瀚海地，聽爾游牧。外自寧夏所屬玉泉營西羅薩喀喇山嘴，後至賀蘭山陰一帶布爾哈蘇台口，又自寧夏所屬倭波嶺塞口北努渾努魯山後甘州所屬鎭番塞口，北沿陶蘭泰、薩喇、椿濟、雷琿、希理等地，西南至額濟訥河，俱以距邊六十里爲界，畫地識之。」定議：蒙古殺邊民論死；盜牲畜、奪食物者鞭之；私入邊游牧者，台吉、宰桑各罰牲畜有差；所屬犯科一次，罰濟農牲畜以五九。時罕都及額爾德尼和碩齊請與和囉理同牧。羅卜藏袞布阿喇布坦偵其女兄阿努攜兵千赴藏，道嘉峪關外，懼襲己，備之，以故未卽徙。拉都琥奏至，詔以所定地域及罰例檄甘肅守臣知之。蓋自是和囉理屬始定牧阿拉善。

二十七年，噶爾丹侵喀爾喀，和囉理欲往援，察琿多爾濟乞師於朝。時諭噶爾丹罷兵。使已就道，詔不允和囉理請。而羅卜藏袞布阿喇布坦自率兵援喀爾喀，遇我使於道，宣諭之，亦撤歸布隆吉爾。察琿多爾濟尋爲噶爾丹所敗，上復遣使諭噶爾丹，將行，命之曰：「噶爾丹若問和囉理事，爾等宜述丑年之約，并言達賴喇嘛向雖遣使定議，令和囉理與羅卜藏袞布阿喇布坦歸併安置，迄今尙未同居。和囉理雖居游牧邊地，亦未編設旗隊。前喀爾喀與額魯特交惡，和囉理曾請兵討爾。朕仍諭遣之曰：『朕欲使爾等安處游牧而已，豈肯給爾兵耶？』其以是告之，令罷兵。」噶爾丹不從。

二十八年，以羅卜藏袞布阿喇布坦卒，賜祭。其妻及宰桑等請召噶爾丹多爾濟轄部衆，允之。時噶爾丹多爾濟游牧準噶爾界，諭曰：「羅卜藏袞布阿喇布坦屬內附，所遺部衆恐致流亡。噶爾丹多爾濟尙幼，召之恐未卽至。著和囉理前往布隆吉爾，暫爲約束人民。俟噶爾丹多爾濟至，仍歸本地。務期共相扶掖，勿侵據所部。」噶爾丹多爾濟以所部饑，告不克卽徙。詔授諾顏號，遣侍讀學士達琥諭恤所部貧民。其母扎木蘇攜噶爾丹多爾濟至，詔轄羅卜藏袞布阿喇布坦衆，附阿拉善牧。

有拜達者，罕都屬也，偕額爾德尼和碩齊誘其主棄和囉理，私以厄魯特兵千掠邊番。

守汛者責之，爲所戕，且抗官軍。甘肅提督孫思克以兵屯邊，將剿之。罕都懼，乃降詔宥罪，仍駐牧阿拉善。其叔父羅卜藏額琳沁尋自準噶爾至，奏爲噶爾丹所禁十餘年，以準噶爾與喀爾喀戰，乘間脫，挈孥屬千餘至，乞與兄子罕都同居，允之。

三十年，和囉理以不遵旨徙牧歸化城，懼大兵討，叛遁。噶爾丹多爾濟、羅卜藏額琳沁、罕都等從之，分道竄。將軍尼雅漢等招降噶爾丹多爾濟屬納木喀班爾等五十餘戶，和囉理女弟之夫克奇及從者二十一人以聞，詔安置歸化城。時和囉理弟博第游牧中衞邊外，距阿拉善三百餘里，聞其兄叛遁，欲往會偵。副將軍陳祚昌等屯昌寧湖，遣子索諸木至軍，詭稱假道詣南山，否則請牧馬昌寧湖。祚昌知爲緩軍計，令挈屬至歸化城。不從，擊之，斬五百餘級，博第僅以身免，走伊巴賴，遇和囉理屬台吉齊奇克假糧馬，竄額濟訥河。三十一年，和囉理悔罪，降，命仍牧阿拉善。羅卜藏額琳沁、罕都、齊奇克等從和囉理降。尋復叛走。提督孫思克以兵追至庫勒圖，斬四十餘級。齊奇克就擒，詔宥死，附和囉理牧。羅卜藏額琳沁、罕都逸，遇自青海來歸之喀爾喀台吉阿海偕青班第，掠其貲，復竄哈密。羅卜藏袞布阿喇布坦有女弟曰阿海，始與策妄阿喇布坦議婚，噶爾丹奪之。策妄阿喇布坦怒，噶爾丹徙額琳哈畢爾噶。上聞之，遣員外郎馬迪齎敕諭令絕噶爾丹。道哈密，羅卜藏額琳沁、罕都等偕噶爾丹屬圖克齊哈什哈、哈爾海達顏額爾克以兵劫之，由大草灘毀邊垣遁，爲青海台吉額爾德尼納木扎勒所擊，走死。三十三年，和囉理弟博第率屬百餘降，乞仍與兄同牧，許之，命輯所屬潰散者。未幾，齊奇克復叛遁。和囉理遣所部莽奈哈什哈等以兵追諸槈爾格山，諭之降，不從，擊斬之。

三十五年，所部兵隨西路大軍敗噶爾丹於昭莫多，副都統阿南達奉命設哨，以和囉理屬布爾噶齊達爾漢宰桑瑪賴額爾克哈什哈、齊勞墨爾根薩里呼納沁齊倫琿塔漢占哈什哈、布達哩杜喇勒和碩齊等，分屯額布格特、阿木格特、昆都倫、額濟訥及布隆吉爾之博羅椿濟敖齊、喀喇莽奈諸地。時噶爾丹多爾濟竄徙嘉峪關外。有哨卒拜格者，其屬也。阿南達召至，遣歸說噶爾丹多爾濟曰：「上待汝恩甚厚，將撫育之，顧叛逃可乎？和囉理棄牧時，汝不能輯屬，故從往。上灼知汝情，念汝祖鄂齊爾圖汗，將玉成汝，汝其思之！」噶爾丹多爾濟遣告曰：「上念臣祖兄，令臣與和囉理接壤居。臣無知，從和囉理叛遁，今悔罪欲死。臣幼，臣母一婦人，未能達。乞以情代奏。」阿南達欲堅內附志，遣使歸，約如期會肅州，諭設哨援哈密，復檄哈密伯克額貝都拉曰：「噶爾丹至汝地，汝卽召噶爾丹多爾濟援，勿復疑。」噶爾丹多爾濟遣宰桑阿約等齎降表，表至肅州。會上視師寧夏，阿南達馳疏至，詔優恤所部衆。未幾，唐古特部第巴煽青海諸台吉盟察罕托羅海，繕軍械助之。檄噶爾丹多爾濟以兵往，辭不赴，遣使伲濟通問策妄阿喇布坦，自攜兵百會阿南達於布隆吉爾。阿南達偵噶爾丹死，其從子丹濟拉竄瀚海，遣噶爾丹多爾濟屬輝特台吉羅卜藏等馳赴噶斯，而自偕噶爾丹多爾濟以兵繼之。至色爾滕，值俄濟歸，以丹濟拉將自郭巒喇嘛所往附策妄阿喇布坦告。因撤噶斯兵，遣噶爾丹多爾濟仍赴布隆設哨，其屬阿勒達爾哈什哈、恭格等煽之叛，至西欣驛劫駝馬，奉母札木蘇由吉爾喀喇烏蘇遁。阿南達遣兵四百追之，不及，招降其屬茂海、烏納恩巴圖爾、阿喇木札木巴、阿喇木把及輝特台吉羅卜藏等，遣歸阿拉善。羅卜藏後徙牧喀爾喀，卽附扎薩克圖汗部之厄魯特扎薩克也。是年，和囉理以所部數叛，請視四十九旗例編佐領。廷臣議徙烏喇特界，諭曰：「若將和囉理移牧近地，則沿邊別部蒙古甚多，豈可盡徙？且治蒙古貴得其道，不係地之遠近。」著停徙，仍游牧阿拉善地。」詔和囉理爲多羅貝勒，給扎薩克印。復以噶爾丹多爾濟竄赴準噶爾，敕策妄阿喇布坦曰：「噶爾丹多爾濟率屬來降，安置耕種。今忽留其屬人，棄衆私遁，其中必有不得已之情，務卽察明具奏。朕於噶爾丹多爾濟略無責備之意，且降旨收集其遺衆。儻往汝地，汝可善爲撫恤。如欲內徙，卽行遣歸。」時噶爾丹多爾濟陽附策妄阿喇布坦，陰貳之。策妄阿喇布坦將侵哈薩克，噶爾丹多爾濟詭以兵從，中道遁庫車，爲回衆所殺。母札木蘇攜屬九百餘奔青海部，青海諸台吉以獻。詔安置什巴爾臺，隸察哈爾。

四十三年，和囉理子阿寶尚郡主，授和碩額駙，賜第京師。四十八年，襲貝勒。五十四年，以參贊往會西安將軍廣柱等，駐巴里坤，襲擊準噶爾於伊勒布爾和碩、阿克塔斯、烏魯木齊諸地，皆捷。五十九年，參贊平逆將軍延信軍敗準噶爾，有克河、齊諸郭勒、綽瑪喇諸捷，護達賴喇嘛入藏。年羹堯奉諭遣歸游牧。未幾，來朝，上憫其勞，詔封多羅郡王。

雍正二年，大軍定青海，王大臣等議阿拉善爲寧夏邊外要地，青海顧實汗諸子裔舊皆游牧山後，今或徙山前，請敕阿拉善扎薩克郡王阿寶飭青海衆歸牧山後，允之。阿寶奏：「臣祖顧實汗歸誠內附，百年於茲，受天朝恩甚厚。前青海昆弟阻兵搆亂，上干天討，臣當束身受誅。重荷恩宥，令安游牧，感激莫報。乞賜青海曠地，令臣鈐諸部，不復萌異志。」詔以青海貝子丹忠所遺博囉充克克牧地給之，幷諭撫遠大將軍年羹堯遣員齎餉助徙牧。博囉充克克者，卽漢書地理志所稱潢水也。七年，阿寶以博囉充克克牧地隘，擅請徙烏蘭穆倫及額濟訥河界，議罪削爵。尋命復之。詔仍歸阿拉善牧，不復居青海。阿寶子衮布，八年，以所部兵赴巴里坤防準噶爾援樊廷，賊遁。九年，錄其勞，封輔國公。十年，晉貝子。

乾隆六年，降襲爵之索諾木多爾濟爲鎭國公。二十一年，二等台吉達瓦車凌從大軍剿厄魯特竄黨，遇伏於博囉齊，奮擊之，陣歿。詔議卹，入祀昭忠祠。先是阿寶屬達瑪琳從靖邊大將軍傅爾丹擊準噶爾於和通呼爾哈諾爾，爲所掠。至是攜孥及屬布庫勒等四十戶詣都統雅爾哈善軍，請歸阿拉善舊牧。詔如所請，徒衆仍置伊犂。

所部一旗。爵三：曰扎薩克和碩親王，由貝勒晉襲；附鎭國公二，一由貝子降襲，一由輔國公晉襲。阿寶次子羅卜藏多爾濟初襲貝勒。乾隆二十一年，詔以兵赴北路。二十二年，以俘逆賊巴雅爾功，晉郡王，授參贊大臣。二十三年，以剿俘巳叛宰桑恩克圖功，予雙眼花翎。二十四年，以台吉達瓦、佐領布岱等剿瑪哈沁及逆回布拉呢敦功，優賚之。三十年，晉羅卜藏多爾濟親王。三十七年十一月，以甘肅民人私挖阿拉善旗哈布塔哈拉山金沙，命勒爾謹捕治之。四十六年，大軍剿薩拉爾逆回於華林寺，四十九年，又剿逆回於石峰堡邸店。是部皆以兵從，均有功。五十一年，允阿拉善鹽由水路運至山西臨縣磧口。五十六年，是部鹽入銀八千兩。羅卜藏多爾濟子旺沁班巴爾襲親王。後嘗一爲寧夏將軍，以祖庇屬人爭勘地界，罷之。

嘉慶四年，陝甘總督長麟奏徵是部征敎匪兵歸其部。五年，甘肅按察使姜開陽疏言：「中衞邊外有大小鹽池，今爲阿拉善王所轄，其鹽潔白堅好，內地之民皆喜食之。大約甘肅全省食阿拉善鹽者十分之六，陝西一省亦居其三。聞阿拉善王但於兩池置官收稅，不論蒙古、漢人，聽其轉運，故於民甚便。私販甚多，駱駝牛騾什佰成羣，持梃格鬭，吏役不敢呵止。

今擬令沿邊各州縣於各隘口鹽所從入之處，設局收稅，亦計所馱多少爲稅之輕重。彼所收者池稅，我所收者過稅，既無礙於阿拉善王，又易私販爲官販，兩便之道。」十一年，阿拉善王因回民私販鹽法，獻其池歸官辦，置運判於磴口。每年予阿拉善王銀八千兩，池屬寧夏道專管。十七年，改歸商辦，酌定口岸，示以限制，改磴口大使爲皇甫川大使，專司稽察。吉鹽水販止准運至皇甫川，以鹽池敕還阿拉善王，停其償歲，而以吉鹽八萬七千餘引配於潞引，由潞商包納吉課。咸豐四年七月，親王呈捐輸開采哈勒津庫察地方銀鑛。定甘肅收阿拉善鹽商稅濟軍餉。同治初年，回匪滋事，屢徵是部兵協剿。三年，阿拉善親王貢桑珠爾默特以匪擾寧夏，呈理藩院乞援。時西路多警，是部設臺遞送，南自甘、涼，西自額濟訥土爾扈特，軍報至烏拉特以達歸化。四年四月，都興阿軍大破回匪於平羅、寶豐，是旗協理台吉阿布哩亦敗撲入磨石口之匪。諭嘉獎貢桑珠爾默特，仍飭嚴防各口，兼辦駝運。七年，貢桑珠爾默特採買米麥濟穆圖善中鋪之軍，解耕牛一百餘隻酌借貧民，俾時耕種。四月奏入，上復嘉獎之。十二月，回匪由平羅竄是部，大肆劫掠，至磴口踞之，攻圍王府，殺傷官兵。貢桑珠爾默特復咨穆圖善乞援。八年，定安派蒙員烏爾罔那遜往是部烏蘭木頭地方剿陸路回匪。四月，屢敗回匪於下永和姜、上永和姜。磴口踞匪還竄陝境。是月董馬原回匪竄是部境，圍定遠營城，燬冢塋、府第、寺廟。鄂爾多斯與額濟訥河土爾扈特文報路斷，貢桑珠爾默特督蒙古官兵嬰城固守。七月九日，提督張曜遣部將楊春祥等率兵解定遠城之圍，匪退廣宗寺，又敗之，越山遁。次日，楊春祥等進軍賀蘭山。八月，金順進軍磴口，遂次平羅。九月，張曜抵寧夏，沿途之沙金托海、三道河、磴口、石嘴山等處皆駐官軍。九年十一月，回匪復竄阿拉善南界之紅井一帶，貢桑珠爾默特派副佐領鄂肯會官軍副將郝永剛等敗之。匪竄永磴口，掠阿拉善，復設臺站十一處。十年五月，金順奏：「寧夏山後阿拉善旗有西來竄賊劫掠。現籌於南北要衝磴口、橫城等處派隊扼紮。」十一年，賽盟阿爾米畢特旗竄來回匪至沙爾雜一帶，張曜以阿拉善王請兵勦辦，令孫金彪分紮柳林湖一帶，兼顧蒙地。是年八月，陝甘總督左宗棠奏准蒙鹽仍祇從一條山、五卡寺至皐蘭、靖遠、條城，經安定、會寧、隴西、秦州，轉運漢南一帶銷售，每百斤收稅銀、釐銀各八分。十三年四月，袁保恆奏：「寧夏採運，須取道阿拉善額濟訥蒙古草地，以達巴里坤。而額濟訥牧地近年被匪蹂躪最深，無可藉資，必以阿拉善駝隻爲主。當飭阿拉善協理台吉派員來寧商辦。臣與管旗章京瑪呢阿爾得那籌擬，按程設立三十四台，專司帶領道路。另僱蒙駝一千五百，民駝五百，各以五百任運一段，班轉遞運，每次可運官斛八百石，限四十月運至巴里坤，間二十日由寧夏發運一次。」諭左宗棠酌度情形，派員赴寧夏接辦。光緒四年七月，以關內外肅清，裁阿拉善所設臺站。

二十六年，拳匪滋事，阿拉善亦出教案。二十七年三月，予各省官員上年保教不力懲處，阿拉善親王貢桑珠爾默特傳旨申飭。其後是部三道河一帶教堂租種地畝益多，引河爲渠，開田萬頃，日以富饒。宣統二年，督辦鹽政大臣載澤奏：「山西行銷蒙鹽，西路以阿拉善爲主，以鄂爾多斯輔之。有鑛，有林木，幅員廣闊。其北毗連賽盟南境各旗，南隣甘肅鎭番等九縣，爲漠南蒙古大部落。自爲一部，不設盟，受寧夏將軍節制。」有佐領八。

額濟訥，舊土爾扈特部，在阿拉善旗之西。東古爾鼐，南甘肅毛目縣丞地，北阿濟山，東南合黎山，南與東北、西北皆大戈壁，當甘肅省甘州府及肅州邊外。

系出翁罕六世孫，曰瑪哈齊蒙古。有子二：長曰貝果鄂爾勒克，有曾孫曰書庫爾岱青。第四子曰納木第淩，生納扎爾瑪穆特，爲土爾扈特阿玉奇汗族弟。阿玉奇汗游牧額勒濟河。康熙四年，詔封納扎爾瑪木特之子阿喇布珠爾爲固山貝子，賜牧色爾騰。先是阿喇布珠爾嘗假道準噶爾謁達賴喇嘛，既而阿玉奇與準噶爾策妄阿喇布坦修怨，阿喇布珠爾自唐古特還，以準噶爾道梗，留嘉峪關外，遣使至京師。上憫其無歸，故有是命。五十五年，阿喇布珠爾奏請從軍効力，詔率兵五百駐噶斯。旋卒，子丹衷襲。

雍正七年，來朝，晉貝勒。九年，以色爾騰牧通噶斯之察罕齊老圖，懼準噶爾掠，乞內徙。陝甘總督查郎阿令攜戚屬游牧阿拉克山、阿勒坦特卜什等處。尋定牧額濟訥河。乾隆四十八年，予世襲罔替。

同治中，回匪滋事，陷肅州。是部與連境，蹂躪特重。時西路文報梗，是部設台站，遞至阿拉善以達歸化。九年以後，肅州回匪累出擾是部境以北，竄賽、扎兩盟，犯烏里雅蘇台、科布多。福濟、定安、張廷岳先後奏：「賊匪皆來自土爾扈特貝勒游牧，請飭左宗棠撥軍防剿。」十二年，是部貝勒達什車凌以防堵回匪陣亡。光緒五年，大學士陝甘總督左宗棠爲請卹。十二月，贈郡王銜，予卹銀一千一百兩。三十年，延祉等迎護達賴喇嘛往西寧，經是部。地雜戈壁，較諸部爲瘠苦，北接扎盟南境。各旗有佐領一，不設盟長，受陝甘總督節制。

清史稿卷五百二十一

列傳三百八

藩部四

喀爾喀土謝圖汗部　喀爾喀車臣汗部　喀爾喀賽因諾顏部

喀爾喀扎薩克圖汗部

土謝圖汗部，稱喀爾喀後路，至京師二千八百餘里。東界肯特山，西界翁吉河，南界瀚海，北界楚庫河。

元太祖十一世孫達延車臣汗，游牧瀚海北杭愛山界。子十一，格哷森扎扎賚爾琿台吉其季也。兄圖嚕博羅特、巴爾蘇博羅特、阿爾楚博羅特、鄂齊爾博羅特等，由瀚海南徙近邊，爲內扎薩克敖漢、柰曼、巴林、扎嚕特、克什克騰、烏珠穆沁、浩齊特、蘇尼特、鄂爾多斯九部祖，詳各傳。獨所部號喀爾喀，留故土，析衆萬餘爲七旗，授子七人領之，分左、右翼。其掌左翼者，爲第三子諾諾和及第五子阿敏都喇勒。諾諾和號偉徵諾顏，子五：長阿巴岱，號斡齊賴賽因汗；次阿布瑚，號墨爾根諾顏，徙牧圖拉河界，今土謝圖汗部二十扎薩克皆其裔。阿巴岱子二：長錫布固泰，號鄂爾齋圖琿台吉，爲扎薩克貝子錫布推哈坦巴圖爾、輔國公巴海、台吉車凌扎布、青多爾濟四旗祖；次額列克，號墨爾根汗，爲土謝圖汗察琿多爾濟、扎薩克郡王噶勒丹多爾濟、貝勒西第什哩、車木楚克納木扎勒、輔國公車凌巴勒、三達克多爾濟、台吉巴朗、班珠爾多爾濟、辰丕勒多爾濟、朋素克喇布坦十旗祖。阿布瑚子三：長昂噶海，繼墨爾根諾顏號，爲扎薩克郡王固嚕什喜，台吉車凌、開木楚克、成袞扎布、遜篤布五旗祖；次喇瑚里，號達賴諾顏，爲扎薩克台吉禮塔爾一旗祖；次圖蒙肯，號昆都倫諾顏。初喀爾喀無汗號，自阿巴岱赴唐古特謁達賴喇嘛迎經典歸，爲衆所服，以汗稱。子額列克繼之，號墨爾根汗。額列克子三：長袞布，始號土謝圖汗，與其族車臣汗碩壘、扎薩克圖汗素巴第同時稱「三汗」。

崇德二年，袞布偕碩壘上書通好。三年，遣使貢駝、馬、貂皮、雕翎及俄羅斯鳥槍，命喀爾喀三汗歲獻白駝一、白馬八，謂之「九白」之貢，以爲常。

順治三年，蘇尼特部長騰機思叛逃，豫親王多鐸率師追剿，至扎濟布喇克，袞布遣喇瑚里等以兵二萬援騰機思，爲大軍所敗，棄駝馬千餘竄額爾克。楚琥爾者袞布族也，復私掠巴林部人畜，詔使責之。會所部額爾德尼陀音貢馬至，敕歸諭其汗等擒獻騰機思，幷以所掠歸巴林。五年，騰機思降，袞布等表乞罪，詔各遣子弟來朝，不從。八年，以其部不歸巴林人畜，僅獻駝十、馬百入謝，嚴諭詰責。十年，命侍郎畢哩克圖往察巴林被掠人畜，袞布等匿不盡給。會喇瑚里之子台吉木塔爾攜衆來歸，封扎薩克親王，駐牧張家口外塔嚕渾河，因詭言巴林人畜木塔爾盡攜往，應就彼取，並乞遣木塔爾等還。諭曰：「爾等不遵旨遣子弟來朝，不進本年九白常貢，不盡償巴林人畜。冒此三罪，反請遣還來歸之人，是何理耶？今卽各遣子弟來朝，盡償巴林人畜，朕亦弗使木塔爾等還，爾自擇之！」是年秋，遣使補貢九白，至張家口，詔勿納。十二年夏，土謝圖汗察琿多爾濟繼其父袞布爲左翼長，約同族墨爾根諾顏、達爾漢諾顏、丹津喇嘛等，表遣子弟來朝。諭曰：「爾等遵旨服罪，朕不咎既往，其應歸巴林人畜缺少之數，悉從寬免。嗣後逃人至此，當卽遣還。」冬，復遣使乞盟，許之，賜盟於宗人府。是年，設喀爾喀八扎薩克，仍分左、右翼，命土謝圖汗及墨爾根諾顏各領左翼扎薩克之一。十五年，遣大臣齎服物賚之。

康熙二十三年，以其部與右翼扎薩克圖汗成袞搆釁，命阿齊圖格隆偕達賴喇嘛使諭解之。二十六年，察琿多爾濟偕車臣汗諾爾布等疏上尊號，諭曰：「爾等恪恭敬順，具見悃忱，但宜仰體朕一視同仁、無分中外至意。自今以後，親睦雍和，毋相侵擾，永享安樂，庶慰朕懷，勝於受尊號也。」

二十七年，厄魯特噶爾丹掠喀爾喀，察琿多爾濟拒弗勝，偕族弟固嚕什喜等攜屬來歸，詔附牧蘇尼特諸部界，發歸化城倉米贍之。二十八年，復遣內大臣費揚古往賑，諭廷臣曰：「朕聞土謝圖汗屬衆有乏食致斃者，深爲軫念。費揚古採買牲畜尚須時日，著速發張家口倉米運往散給，計支一月，牲畜繼之，則衆命可活矣。」二十九年，詔察所屬貧戶，遣就食張家口。

三十年春，上以察琿多爾濟來歸後，車臣汗烏默客、扎薩克圖汗成衮子策旺扎布踵至，喀爾喀全部內附，封爵官制宜更，且降衆數十萬錯處，應示法制俾遵守，將幸多倫諾爾行會閱禮，詔理藩院檄察琿多爾濟等隨四十九旗扎薩克先集以俟。尙書馬齊奉命往議禮，定賞格九等，坐次七行，以察琿多爾濟爲之首。夏四月，駕至，喀爾喀汗、濟農、諾顏、台吉等三十五人以次朝見，諭曰：「爾等以兄弟之親，自相侵奪，啓釁召侮，至全部潰散。其時若令四十九旗扎薩克將爾人衆收取，爾部早已散亡。朕好生之心出於天性，不忍視爾滅亡，給地安置，復屢予牲畜、糗糧以資贍養，用是親臨教誨，普加賞賚。會同之時，見爾等傾心感戴，特沛恩施，俾與四十九旗同列，以示一體撫育，罔分中外，爾等其知朕意。」尋命改所部濟農、諸顏舊號，封王、貝勒、台吉有差，各授扎薩克，編佐領，仍留察琿多爾濟汗號統其衆，自是始稱土謝圖汗部。三十一年，改喀爾喀左右翼爲三路，土謝圖汗稱北路。

三十五年四月，上親征噶爾丹，所部諸扎薩克奏：「臣等被噶爾丹掠，全部潰，賴聖主天威正其罪，請從征効力。」諭毋庸盡行隨往。五月，大軍旣破噶爾丹於昭莫多，凱旋，大賚之。明年，噶爾丹竄死，朔漠平，詔所部歸圖拉河游牧。四十年，賜牧產贍給。五十四年，以準噶爾策妄阿喇布坦煽衆喀爾喀，命散秩大臣祁里德率大軍赴推河偵禦。廷議屯田鄂爾坤、圖拉裕軍食，詔詢土謝圖汗旺扎勒多爾濟勘奏所部可耕地，因言附近鄂爾坤、圖拉之蘇呼圖喀喇烏蘇、明愛察罕格爾、庫爾奇呼、扎布堪河、察罕廋爾、布拉罕口、烏蘭固木及額爾德尼昭十餘處俱可耕，命公傅爾丹選善耕人往屯種。是年，詔簡所部兵駐防阿爾泰。六十年，命土謝圖汗旺扎勒多爾濟督理俄羅斯邊境事。

雍正二年，北路軍營移駐察罕廋爾及扎克拜達哩克。三年，以增設賽因諾顏部，定所部爲喀爾喀後路。四年，旺扎勒多爾濟等因額爾德尼昭乏相宜穀種，遣人購之俄羅斯，並請助屯田兵糧。諭廷臣曰：「前議屯田時，曾有奏言喀爾喀未必踴躍從事者。朕思此舉正爲伊等計及久遠，豈有反不樂從之理？今果感恩抒誠，與朕意相符，殊可嘉尙，交理藩院議敍。」尋各予紀錄，幷賚幣有差，詔如議。五年，以庫倫及恰克圖爲所部與俄羅斯互市地，詔非市朝毋許俄羅斯踰楚庫河界。是年，賽音諾顏親王額駙與俄羅斯定界。九年，選兵隨大軍剿噶爾丹策凌。十三年，撤大軍還，詔所部兵留駐鄂爾坤及烏里雅蘇臺。

乾隆元年，復選兵赴鄂爾坤防秋。六年，命參贊大臣都統塔爾瑪善察閱防秋兵於烏克圖爾濟爾哈朗。以哲布尊丹巴呼圖克圖移居庫倫，命土謝圖汗敦丹多爾濟駐守其地護視之。十三年，選駝五百運歸化城米赴塔密爾軍營，命土謝圖汗延丕勒多爾濟督理俄羅斯邊境事。十七年，增防鄂爾坤兵。十九年，移駐鄂爾海喀喇烏蘇。是部扎薩克親王額琳沁多爾濟授西路參贊大臣。二十年，進剿達瓦齊於伊犂。時降酋阿睦爾撒納謀據伊犂，上燭其奸，詔入覲。定北將軍班第由尼楚袞軍營遣額琳沁多爾濟護之行。至烏隆古河，阿睦爾撒納以北路定邊左副將軍印授之，詭稱歸治裝，由額爾齊斯河馳遁。翌日，額琳沁多爾濟追之弗及，論罪削爵擬斬，諭賜自盡。多羅貝勒車布登亦以駐防庫克嶺，不力追叛遁之巴朗，降貝子。而扎薩克輔國公車登三丕勒以俘青袞咱卜功，扎薩克一等台吉達什旺勒以擒叛遁之和碩特訥默庫功，扎薩克一等台吉班珠爾多爾濟以獲阿睦爾撒納旗纛甲冑功，扎薩克一等台吉三都布多爾濟以赴扎布堪獲阿睦爾撒納之孥及班珠爾等，並誅叛賊固爾班和卓輩功，均進爵賚賞有差。

先是，土謝圖汗部編佐領，積三十七旗。以分置賽因諾顏部，析二十一旗，留十六旗，仍隸土謝圖汗部。尋增四旗。扎薩克凡二十，盟於汗阿林，設正副盟長及副將軍、參贊各一。爵二十有一：土謝圖汗一；扎薩克和碩親王一，由貝勒晉襲；附公品級一等台吉一；扎薩克多羅郡王二，一由貝勒晉襲；扎薩克固山貝子二，一由郡王降襲，一由扎薩克台吉晉襲；扎薩克輔國公六，三由扎薩克台吉晉襲；扎薩克一等台吉八，一由貝子降襲。

是部本爲喀爾喀四部之首，內則哲布尊丹巴，住錫庫倫，外則鄰接俄羅斯，有恰克圖互市，形勢特重，號稱雄劇。乾隆二十七年，於是部中旗汗山北之庫倫置辦事大臣，以滿洲大員任之；別選蒙古汗、王、公、扎薩克一人爲辦事大臣，同釐其務。和碩親王多羅額駙桑齋多爾濟以乾隆二十三年赴庫倫協理俄羅斯邊境事。二十七年，停互市。二十九年，桑齋多爾濟請增庫倫卡坐，派兵屯田依琫、布爾噶勒台等處，不許。三十年六月，命阿里袞索琳查辦恰克圖潛通貿易一案，以桑齋多爾濟私聽蒙人仍與俄商貿易，論罪削爵；辦事大臣丑達以私市得賄正法。十月，以是盟扎薩克貝子伊達木什布管俄羅斯卡坐。三十三年，庫倫辦事大臣慶桂等奏俄羅斯遣使乞開關交易，允之。仍申內地商人圖增價值之禁。尋命桑齋多爾濟復任。

四十二年，定庫倫辦事大臣兼轄辦事章京，民、蒙交涉事件均具報辦理例。四十三年，桑齋多爾濟奏俄羅斯人私越邊口賣馬，俄員瑪玉爾不肯前來，暫停貿易，即咨示俄固畢納托爾，上是之。七月，諭桑齋多爾濟會同辦事大臣博清額，商辦內地商人給還俄羅斯欠貨。十一月，桑齋多爾濟卒，命土謝圖汗車登多爾濟往庫倫協同博清額辦事。四十五年，復開市。四十八年，以車登多爾濟私給乘騎烏拉黃緞照票，罷庫倫辦事大臣，命賽因諾顏親王拉旺多爾濟代之，仍命桑齋多爾濟之子郡王蘊端多爾濟隨同辦事，定喀爾喀四部烏拉章程。十二月，命蘊端多爾濟列名在辦事大臣勒保之前。四十九年，以俄羅斯屬布里雅特人劫內地往烏梁海貿易商民，賠貨而不交犯，屢檄其國。五十年春，以俄羅斯覆文支吾推宕，復停恰克圖互市。辦事大臣松筠因定沿邊蒙古需用烟茶布疋章程。

五十一年九月，定土、車兩部及賽、扎兩部每年各帶一部人入圍場，土、車兩盟部落人交庫倫辦事王大臣帶領習圍，賽、扎兩盟部落人仍交烏里雅蘇台將軍大臣帶領習圍，並令部落每年自汗、王至公各揀派一人，台吉內各揀派四人，領職銜較大者二名，微末台吉二名，仍作十名善射赴木蘭圍場例。五十四年，俄屬布里雅特人傷我出卡巡兵，松筠檄俄固畢納托爾捕送置之法。適有自俄歸之土爾扈特喇嘛薩麻林言俄將興兵搆衅。廷旨命松筠檄詢。五十五年，是部戈壁數旗災，扎薩克台吉烏爾湛扎布報以應收賦及自畜牛羊賑給，並令有力台吉官兵賙恤貧者。事聞，上嘉之。五十六年，松筠奏俄守邊目力辦其誣，詔誅薩麻林，許俄復市。松筠與接任辦事大臣普福、協辦貝子遜都布多爾濟赴恰克圖，曉諭俄固畢納托爾，嗣後如遇會辦事件，應如例迅速完結，命盜案犯，應送恰克圖鞫實正法，彼此約束商販，毋有積欠，因與立約，永爲遵守。

嘉慶七年三月，土謝圖汗車登多爾濟等備行圍進哨馬匹，上嘉之。八月，定土謝圖汗、車臣汗二部事務在庫倫會集，與辦事大臣一同辦理例。自是土、車二部重大事件，皆由庫倫辦事大臣專奏。允蘊端多爾濟請，每逾十年巡察俄羅斯交界卡倫一次。八年八月，允蘊端多爾濟請，土謝圖汗部扎薩克齊旺多爾濟、齊巴克扎布等旗，及哲布尊丹巴呼圖克圖徒衆所屬地方，免驅逐種地民人禁。嗣後另墾地畝，添建房屋，侵占游牧，並令從前租種者，按地納租。娶蒙女爲妻者，身故之後，妻子給該處扎薩克爲奴隸。呼圖克圖徒衆地方即爲其所屬。並定該處居民按人給照，每年由蘊端多爾濟派員檢查，造册報院；及再有無照之民任意棲止，盟長、扎薩克等治罪例。二十三年，庫倫遣蒙員同俄員勘明疆界。

道光四年三月，以庫倫章京尚安泰查驗伊琫等處種地民人不能核事，致民人等盤踞游牧，署車凌多爾濟扎薩克印務之台吉貢蘇倫呈報驅逐，又誤燬領照人民房屋，命奪職，蘊端多爾濟等議處。仍申各旗容留無票民人之禁。七年，蘊端多爾濟卒，以綸布多爾濟代爲庫倫辦事大臣。十二年，多爾濟拉布坦代之。十五年，多爾濟拉布坦奏喀爾喀招民墾復拋荒地畝章程，諭不許。十二月，命德勒克多爾濟爲庫倫學習幫辦大臣。十八年，多爾濟拉布坦奏管卡倫扎薩克那木濟勒多爾濟擅以奇爾渾卡倫兵丁與明濟卡倫兵丁互相移駐，撤差，仍議處。十九年，允哲布尊丹巴往庫倫之北伊魯格河溫泉坐湯，命辦事大臣福英護視。四月，多爾濟拉布坦卒，以德勒克多爾濟代爲庫倫辦事大臣。二十一年六月，俄羅斯薩納特衙門咨理藩院，聞中國嚴禁鴉片入界，已諄飭所屬不得在交界之處互相販帶偷運。諭庫倫辦事大臣嚴禁內地貿易人等在交界處所私行販運烟土，以綏外藩、除積弊。二十二年九月，德勒克多爾濟以庫倫地方商民盤踞一案，下部議處。

咸豐四年，土謝圖汗、車臣汗兩部汗、王、公、台吉等請捐助軍需，溫旨卻之。八年，允俄羅斯使人由庫倫至張家口入京。十一年，德勒克多爾濟遷，以多爾濟那木凱代爲庫倫辦事大臣，尋令車臣汗阿爾塔什達代之。以辦事大臣色克通額帶操演鳥槍兵丁赴恰克圖，命多爾濟那木凱妥辦庫倫事件。四月，色克通額奏俄商欲於庫倫貿易，行文阻止。六月，總理各國事務王大臣奏准俄人在庫倫修理公館。十一月，色克通額奏俄商擅往蒙古各旗貿易。諭守約開導，並交總理各國事務衙門照會俄使禁阻。十二月，撤恰克圖習槍官兵。

同治元年，定俄國陸路通商章程條款。三年，以新疆回亂，調土謝圖汗、車臣汗兩部蒙兵赴烏魯木齊等處助剿。四年三月，以土、車兩盟蒙兵潰散回旗，諭文盛等不必再令赴營。

以圖盟撥古城蒙兵逗留，扎薩克達爾瑪僧格嚴議。五年，命辦喀爾喀四盟捐輸。六年，調土、車兩盟兵一千五百名駐防卡倫。八年，改訂中俄陸路通商章程，兩國邊界貿易在百里內均不納稅；俄商許往中國所屬設官之蒙古各處，亦不納稅；其不設官之蒙古地方，該商欲前往貿易，亦不攔阻，惟該商應有邊界官執照。

九年二月，回匪東竄，自三音諾顏左翼右旗扎薩克阿巴爾米特游牧擾是部左翼後旗鎮國公巴勒達爾多爾濟游牧。辦事大臣張廷岳等奏：「蒙古地方幅員遼闊，蒙衆皆擇水草旺處游牧，相距數十里始有氈廬。且百餘年安享太平，久不知兵。賊知蒙古易欺，是以百數成羣，縱橫肆擾。擬調駐卡倫蒙兵，檄兩部落盟長等帶往西南一帶，與各旗官兵協剿。庫倫地方塔廟甲于各旗，商賈輻輳，人烟稠密。現派桑卓特巴等調集喇嘛、鄂拓克防護廟宇。又令商民辦理保甲，以資守禦。」六月，張廷岳等奏以土盟兵九百名交扎薩克公奈當等防守額爾德尼昭。七月，俄調馬隊在庫倫操演，諭張廷岳等查察。尋以烏里雅蘇台危急，張廷岳等奏調土、車兩盟兵會剿。十二月，請以賽、扎兩盟協防庫倫官兵二百名歸併賽、扎兩盟，派兵分防要隘。

十年二月，回匪復竄額哲呢河一帶，圖犯庫倫。張廷岳等奏迅檄達爾濟等軍赴哈爾尼敦西北地方防剿。十一年，張廷岳奏：「前調土、車兩盟官兵餉糈，上年由兩盟捐輸支給。

烏城被陷，復奏調內地官兵來庫防勦，撥土、車兩盟及沙畢捐備馬三千匹，資漢兵騎乘，又借僱駝馬數千隻，分赴各台。兩盟官兵自上年遣散，改征作防，應需駝馬三千餘隻，亦係各旗攤派。」四月，回匪竄是部左翼中旗郡王拉蘇倫巴咱爾游牧，焚掠府廟，東犯莫霍爾、嘎順等台。張廷岳遣蒙員札齊魯克齊、伯克瓦齊爾等追敗之於烏拉特中旗沙巴克烏蘇地方。六月，副都統杜嘎爾奏回匪於四月由圖盟公巴勒達爾多爾濟游牧竄出順新地方。五月，竄郡王拉蘇倫巴咱爾游牧之巴爾圖叟吉地方。派吉爾洪額帶隊改道躡賊。時回匪復西竄左翼中左旗扎薩克達爾瑪僧格游牧，至烏拉特中公旗之布特拉地方。吉爾洪額會伯克瓦齊爾進擊，大勝之。

八月，回匪復竄是部左翼後旗公巴勒達爾多爾濟游牧，直趨翁吉河一帶。別股竄哲林等台，賽爾烏蘇西北台路斷。張廷岳等奏察哈爾所派達爾濟一軍抵翁吉河之烏勒幹呼秀地方，與是部左翼中左旗公齊莫特多爾濟及伯克瓦齊爾二營相犄角。是月二十一日，伯克瓦齊爾敗賊於察布察爾台之察罕吉哩瑪地方。二十六日卯刻，伯克瓦齊爾星夜由間道窮追，繞出東犯庫倫匪前，敗之于阿達哈楚克山額里音華地方。午申刻連再捷，獲駝千餘、馬四百，圍賊于畢留廟，相持六晝夜。九月二日，達爾濟軍至畢留廟西北駐營，匪以投誠誑之，達爾濟遽阻伯克瓦齊爾軍巡邏，匪于是夜輕騎西遁。十二月，張廷岳等奏前竄烏、庫兩城回匪，現均返肅州老巢。宣化、古北口二軍於本年到庫，擇要設防，足資捍衞。土、車兩盟官兵擬裁半留半，每屆半年，輪換防護官署昭廟，撤沙畢兵。

十二年二月，回匪復擾左翼後旗公巴勒達爾多爾濟游牧，尋遁。三月，張廷岳等奏：「庫倫事務較繁，請土、車兩盟之協理將軍，飭令每年輪班在庫聽候差委，勿赴烏城。」下金順等會商覆奏。諭催山東於五月前解淸庫倫餉銀十萬兩，賚庫倫商民團勇。定變通辦理庫倫軍需章程。十三年九月，庫倫辦事大臣阿爾塔什達卒，以那木濟勒端多布代之。

光緒元年，以庫倫解嚴，撤回直隸古北口練軍。四年十一月，以庫倫、哈拉河等處游匪尚多，仍撥直隸宣化練軍二百五十名駐之。五年二月，以穆圖善奏，諭飭土謝圖汗迅將撤回托里布拉克、圖固里克二臺幫臺官兵駝馬，催令仍回本臺。五月，予捐輸銀兩之土謝圖汗那遜綽克圖等奬。六年正月，以改議俄國歸還伊犂條約，籌備邊防，派土、車二盟兵二千蒙兵駐庫倫，撥軍火及備蒙古包銀。十二月，給庫倫防兵月餉。七年二月，撤駐庫倫蒙兵。四月，以庫倫爲俄人來往衝途，調喜昌爲庫倫辦事大臣，統新軍千人赴之。是年，中俄訂續改陸路通商章程，俄國商民往蒙古貿易者，祗能由章程附淸單內。卡倫過界，應有本國官所發中、俄兩國文字，並譯出蒙文執照，註明姓名、貨色、包件、牲畜數目，於入中國邊界時，在卡倫呈驗。其無執照商民過界，任憑中國官扣留。

八年四月，喜昌奏考察庫倫時勢邊防情形，量議變通。一、庫倫與恰克圖屯軍分駐。一、恰克圖改設道員鎭守邊塞。一、庫倫選練土著學試屯墾。一、庫倫屬境暨接連隣省地方酌量屯兵。下所司議，格。尋以喜昌奏劾土盟盟長車林多爾濟，罷之，並下理藩院，議注銷土、車兩盟王公等駐班烏里雅蘇臺會盟之案。八月，喜昌等奏庫倫近與俄隣，爲漠北第一咽喉。現駐兵設防，饋運轉輸，舊站繞遠，亟宜變通，改設捷徑。諭飭烏里雅蘇台將軍、察哈爾都統迅速妥籌覆奏。

九年二月，喜昌奏臺站遲滯，擬飭運草養駝，以資供應，併陳報災不實等情。諭綏遠城將軍豐紳等按照原奏斟酌妥辦。三月，察哈爾都統吉和等奏穆霍爾、噶順等九臺之官兵潛逃，詔喜昌等飭各旗竭力供差，不准推卸，仍嚴禁兵丁騷擾臺站。八月，察哈爾都統吉和等奏撫恤災荒，安設臺站。喜昌又劾車林多爾濟權勢太重，把持公事，串通各旗虛報災荒，遺撤官兵需用駝隻，復爲掣肘，各旗派撥幫臺，延不到差。諭新任辦事大臣桂祥密查具覆。時俄勢日盛，諸部王公漸生攜貳。喜昌所議置官、駐軍、屯田、改臺諸大端，皆以消患未萌。中朝重更張，致所請無一行者，卒以病去，併撤其軍。辛亥之變，實釀於此，識者惜之。九月，喜昌奏飭圖什業圖汗部未被災各旗暫行幫臺。尋庫倫辦事大臣那木濟勒端多布免，以土謝圖汗那遜綽克圖代之。

十年正月，以土謝圖汗部左翼中郡王阿木噶巴扎爾等四旗被災特重，諭桂祥等妥籌減緩差徭，予勸捐賑災之哲布尊丹巴呼圖克圖扁額。十二年，桂祥劾哲布尊丹巴之商卓特巴索訥木多爾濟居心巧詐，意搆邊衅，革之。十六年八月，庫倫辦事大臣安德等奏庫倫所屬恰克圖等處開辦金礦，華商旣無可招，洋商則斷不可招集，陳窒礙難行情形，下所司知之。十二月，御史聯㱮奏庫倫商卓特巴喇嘛達什多爾濟欺矇把持，擅權科斂，下理藩院。十八年七月，定聯接中俄陸路電線。哲布尊丹巴所住之廟被火，佛像經卷胥燬。土盟等四盟王公捐助重建，而商卓特巴以此假貸商人，攤派沙畢者遂重。二十年九月，安德奏日本變動，民情惶惑，請仍調官兵駐庫倫，諭李鴻章酌度。

二十二年六月，庫倫辦事大臣桂斌奏：「哲布尊丹巴呼圖克圖屬沙畢一項困苦特甚，流亡過多。呼圖克圖忠厚存心，用人失當，一任喇嘛等勾通內地商民以及在官人等百方詐取，若罔聞知。迨用度過窘，不得不加倍苛派，所由欠負纍纍，上下交困。體訪其屬堪布喇嘛諾們汗巴勒黨吹木巴勒爲僧俗所仰慕，應責成淸理已檄署商卓特巴巴特多爾濟等，凡一切商上應辦事宜，悉心諮商，妥爲籌畫。先將沙畢等應派光緖二十二年分攤欵，查照十年以前，各按牲畜多寡，秉公勻攤，不准加派，核實酌裁。近年增添浮費，務量所攤撙節動用，俾紓民力。並請將東營台市甲首各商，每遇兩大臣節壽酬欵項不減不增，按年代哲布尊丹巴歸商欠。」下所司知之。尋又奏定恰克圖規費，化私爲公，提滿、蒙大臣經費。七月，奏請定庫倫大臣與哲布尊丹巴呼圖克圖往還體制是否平行，有曰：「公事之間，備極融洽；相見之際，多似參商。實則哲布尊丹巴已驕蹇跋扈，與辦事大臣積不相能。」十一月，桂斌奏：「土盟所屬西北旗界哈喇河一帶，向有開墾地畝，播種雜糧，曾經奏明不准續墾。每屆台市章京更換實任，由庫倫大臣扎委會同扎薩克等前往淸查有無續墾。茲屆應查之期，照章派委台市章京理藩院員外郎奎顯往查，將所得陋規呈請核辦，約計二千數百兩。當將兩大臣此次欵費全發商人收還，其餘各項，暫照成案分賚各員，俾資津貼。」

二十三年六月，辦事大臣連順奏哲布尊丹巴呼圖克圖與蒙古辦事大臣圖什業圖汗那遜綽克圖兩不相能，請革辦事大臣之任。諭從之，並飭嗣後遇有此等事件，務妥爲斟酌，勿聽呼圖克圖一面之詞。以土盟中旗貝子朋楚克車林爲庫倫辦事大臣。連順以：「桂斌所奏歸還哲布尊丹巴商欠辦法，四成實銀，分年帶銷，雖恤蒙情，未恤商情，致該商等虧累太多，不敢與沙畢內外兩倉及鄂拓克交易。而兩倉鄂拓克雖有牲畜，無處易換，市井蕭條，諸貨不能暢銷。現呼圖克圖之廟工久竣，應照桂斌所奏，不得苛派，休息蒙衆。兩倉所用貨物銀茶及鄂拓克息借之欵，應循舊日章程，設法算撥。」又奏：「據土盟盟長密什克多爾濟轉據各旗呈報，現查各旗呈報，並無未領限票民人種地之事。其由庫倫台市章京衙門請領限票來旗貿易者，均隨來隨往，或搭蓋土房存貨收賬，牛羊並不孳生。墾荒民人建房養畜，每年交地租茶數十箱或百箱不等。復據商民元順明等七家呈，認種荒地，每年有地租茶，牲畜存廠，每年有草廠茶。請將認交前大臣桂斌罰款原茶交還。」旨均如所請。並將查地陋規化私爲公，裁台市章京查地之差。

二十四年，勸辦昭信股票。連順奏圖什業圖汗、車臣汗兩部落王公及哲布尊丹巴呼圖克圖等，情願報効市平銀共二十萬兩。五月，土、車兩盟王公及哲布尊丹巴沙畢、喇嘛等陳請不願領昭信股票，溫諭嘉之，仍飭一併給奬。以設庫倫、恰克圖電線，理藩院奏採伐土盟各旗官山木植。

先是，庫倫西北各旗至恰克圖一帶內地人民，率以租地墾荒爲名，偸挖金砂，俄人亦多越界潛採，查禁驅逐，具文而已。至是連順奏：「土、車兩盟各旗界內庫倫東北六台地，約合三百四十餘里，西自鄂爾河、哈拉河至額能河，共有金鑛三處。又西北九台地，約合五百三十餘里，北自色埒河至伊魯河，共有金鑛二處，周圍二百餘里，金苗甚旺，以伊魯河所產爲最佳。惟產自河內，水勢頗深，人力掏取，所得有限。必用西法以機器汲水，僱工開挖，其利方厚。擬招集鉅款，延聘礦師，購運機器，相地開採。宜同時舉辦，於居中扼要之處，設一總廠。綜計成本約需銀三百萬兩。」復據天津稅務司俄人柯樂德利庫西稱蒙古金鑛，中國集款與辦時，俄人亦願附股，仍可代爲招集，嚴遵中國章程。如用俄人，應聽中國官員約束，通盤籌畫。鄂爾河等五處金鑛，擬請招商集款，合力開採，由中國自行舉辦，並准附招俄股，請簡派大員專司督率。下總理各國事務衙門會同鑛務大臣議行。尋命連順督辦蒙古鄂爾河等鑛。

是年，李鴻章等奏中俄會訂條約。俄國准在中國蒙古地方貿易，其蒙古各處及各盟設官與未設官之處，均准貿易，照舊不納稅。其買賣貨物，或用現錢，或以貨易貨均可。並准俄民以各種貨物抵賬。在庫倫設領事，科布多、烏里雅蘇台俟商務興旺添設。

二十五年十月，奏集股開採，以土、車兩盟同時共舉爲宜，卽集土、車兩盟長切實勸諭，俾知開礦之舉，不特保衞邊疆，且開蒙古生計，報聞。土盟盟長密什克多爾濟以連順等刼阻撓開鑛，罷之。十一月，洛布桑達什面謁哲布尊丹巴，以玩褻黃教議處。理藩院奏蒙古王公等請停辦鑛務，命崑岡、裕德往查辦，並諭連順緩辦庫倫鑛務。十二月，庫倫、恰克圖電線工竣。二十六年，崑岡等奏停辦鑛務，連順下部議處。拳匪事起，命辦事大臣豐陞阿等備邊。

二十七年三月，豐陞阿、朋楚克車林奏圖什業圖汗部落盟長貝子棟多布等呈，駕幸西安，請捐本年應得俸銀緞疋，並量力捐馬備用，哲布尊丹巴呼圖克圖等亦呈捐馬千匹，均允納之。六月，豐陞阿等奏：「上年內地拳匪肇禍，猝啓兵端，庫倫、恰克圖等處中外各商，紛紛遷徙，互相疑懼。當與駐庫俄領事官施什瑪勒福等再三晤商，均能奉約惟謹，力顧邦交。彼時雖有俄兵防守，尤能實力保護中外商民、蒙衆等性命貲財，兩不相擾，請予寶星。」允之。

二十九年二月，以防守邊疆異常出力，予土盟盟長扎薩克敦都布多爾濟雙眼花翎，土盟參贊郡王阿囊達瓦齊爾紫韁，土盟副盟長扎薩克鎭國公察克都爾扎布、土盟副將軍親王杭達多爾濟、總管西卡倫額魯特扎薩克貝子達克丹多爾濟乾清門行走，餘給獎有差。閏五月，土盟王公及哲布尊丹巴等報効修正陽門工程銀，允核給獎敍。豐陞阿等奏覆改設行省，以外蒙地方與內地邊疆情形不同，一例辦理，多有窒礙。得旨：「是。」下所司知之。九月，烏里雅蘇台將軍連順等奏土、車二盟金鑛續議開辦，參酌外蒙等情形，詳訂章程，妥籌布置。請准派稅務司洋員柯樂德爲總辦，並簡派大員專司督率，下部議。十一月，以蒙古辦事大臣朋楚克車林自庚子以來，愼固邊圉，輯睦外人，恤商撫蒙，勤勞足錄，予紫韁。

三十年，辦事大臣德麟奏庫倫後地蒙民租佃，擬設清墾局，以杜與外人私墾，下戶部議。三月，德麟等奏辦庫倫統捐。達賴喇嘛以印藏啓釁，避之庫倫，詔延祉迎，令赴西寧。九月，予駐庫倫直隸練軍官弁獎，以保衞蒙商，防護外人。十月，德麟奏結圖盟左翼中旗扎薩克郡王阿囊塔瓦齊爾債案。

三十一年，辦事大臣樸壽奏創辦釐金，委差官賈得勝等分往頭台曁恰克圖等處帶兵稽查偸漏，分段彈壓。七月，以理藩院奏，予哲布尊丹巴呼圖克圖女徒寮汗達拉額爾德尼車臣名號。十二月，設庫倫巡警兵丁，由蒙人揀選。三十二年六月，以土盟王公等承購練兵戰馬，依限選齊，予盟長公銜扎薩克一等台吉敦都布多爾濟等獎有差。

三十三年四月，允開庫倫金鑛，定權限章程。以庫倫蒙古辦事大臣朋楚克車林會同延祉督辦鑛務。三十四年二月，辦事大臣延祉以派員勘丈各旗墾地，親王杭達多爾濟旗台吉巴圖巴魯抗不備台，請嚴加議處，允之。五月，增開依拉裕格倫南之克勒司。八月，試辦庫倫土藥統稅。設蒙養學堂，就選土、車兩盟及沙畢幼童，專習滿、蒙、漢語言文字，以興辦新政，蒙古通曉漢文漢語少，易致隔閡。

宣統元年閏二月，延祉等奏准設庫倫理刑司員。時哲布尊丹巴呼圖克圖之商卓特巴巴特瑪多爾濟捐學堂經費八千兩，延祉爲請賞帶膝貂褂。得旨，下理藩院核給獎敍。十一月，以庫倫各廠所出金砂較往年暢旺，給監辦官等花紅。

二年五月，辦事大臣三多以土、車兩盟沙畢等三處屢報災祲，供億過繁，歷年息借華、俄債款，迭經報官索欠者，約計不下百餘萬兩，竟有估一旗之牲畜不足抵債者。而自供哲布尊丹巴外，光緒二十九年至宣統元年，庫倫大臣等修理衙署及器具鋪墊等項，已合銀十八萬餘兩，支應馬匹、食羊、柴炭等項尚不在內。因奏核定土、車兩盟沙畢供庫倫大小衙門柴炭、羊數目，及限制各官調任修署添物章程。其餘差使，統由各員自爲籌備，並以物價昂貴，費用竭蹶，請加各員公費銀一萬二千兩。先儘庫倫外銷公款項下開支，倘有不敷，由庫倫金鑛稅款暫撥，仍言金鑛逐年漸有起色，蒙困一蘇，商務亦可興旺，稅額自必加增，皆解部之款，不至較往年爲絀，下度支部議行。淸中葉後，諸邊將軍、大臣以下俸給過薄，皆倚藩部供應爲生計，三多此疏，可以例之。十月，三多奏喇嘛登齊奪犯拒捕一案，商卓特巴巴特瑪多爾濟迄不交出首要，歷次呈文，無理取鬧，要挾具奏，恐國家法令，官長政權，將難行於蒙地，請予斥革；哲布尊丹巴自二月奉嚴加約束電旨後，庫屬喇嘛安分守法，爲近年所未有，請傳旨嘉獎：均允之。二年四月，是部親王朋楚克車林爲資政院欽選議員。

三年，設庫倫審判各廳。軍諮府亦於庫倫設陸軍兵備處，派員統兵駐之。是年正月，三多奏宣統二年金鑛應繳官稅計金砂易銀十九萬三千兩有奇，全數作爲庫倫辦軍事的款。是月，開圖盟扎薩克那木薩賴旗奎騰河金鑛。四月，開雅勒弼克金鑛。閏六月，已革商卓特巴巴特瑪多爾濟報効辦理新政銀二萬兩，三多請賞還原銜，飭回庫倫署商卓特巴篆務，以是款作爲修汽車路之需。八月，奏：「近來邊事日急，今沿途台站，於來庫倫官員，則多方留難，於遞庫要件，則任意玩忽。請飭該管台站認眞整頓。」允之。九月，三多等以額爾德尼車臣報効銀一萬兩，奏准用杏黃圍車。時哲布尊丹巴與三多不協，是部親王杭達多爾濟等以債務素密結俄人，不悅新政。於是俄照會外務部，有不駐兵、不派官、不殖民之要求。

洎武昌事起，各省鼎沸，杭達多爾濟等遂於十月初九日擁哲布尊丹巴稱尊號，建元立國，置內閣。以喀爾喀八十六扎薩克名義通牒中外，指斥清廷，興復元業，驅逐在外蒙之滿清官兵。三多被迫去職，賽爾烏蘇管站站員亦于十一月去職。於是喀爾喀四部舉非清有。是部地兼耕牧，鑛產林木，均稱饒富。佐領共有四十九。

車臣汗部，稱喀爾喀東路，至京師三千五百里。東界額爾德尼陀羅海，西界察罕齊老圖，南界塔爾袞、柴達木，北界溫都爾罕。

元太祖十七世孫阿敏都喇勒有子謨囉貝瑪，駐牧克嚕倫河，生子碩壘，始號車臣汗。與其族土謝圖汗袞布、扎薩克圖汗素巴第同時稱三汗。子十一，今車臣汗部二十三扎薩克皆其裔。長嘛察哩，號伊勒登土謝圖，爲扎薩克貝子達哩、台吉旺扎勒扎布二旗祖；次察布哩，號額爾德尼台吉，爲扎薩克台吉吹音珠爾一旗祖；次拉布哩，號額爾克台吉，爲扎薩克台吉色稜達什一旗祖。次本巴，號巴圖爾達爾琿台吉，爲扎薩克鎭國公車布登一旗祖；次巴布，襲父汗號，爲車臣汗烏默客，扎薩克郡王納木扎勒、朋素克，台吉韜賚、羅卜藏、垂木扎素、額爾德尼、根敦八旗祖；次綽斯喜布，號額爾德尼琿台吉，爲扎薩克輔國公車凌達什，台吉多爾濟達什、固嚕扎布三旗祖；次巴特瑪什，號達賚琿台吉，爲扎薩克貝勒車布登、輔國公車凌旺布、台吉車凌多岳特三旗祖；次車布登，號車臣濟農；次阿南達，號達賚濟農；次布達扎布，號額爾德尼濟農：均封扎薩克貝子。阿南達子貢楚克，授扎薩克台吉，又自爲一旗。

初，喀爾喀服屬於察哈爾。天聰九年，大軍平察哈爾，車臣汗碩壘偕烏珠穆沁、蘇尼特諸部長上書通好，貢駝馬。崇德元年春，以其部私與明市馬，諭責之曰：「明，朕讐也。前者察哈爾林丹汗貪明歲幣，沮朕伐明，且欲助之，朕故移師往征。天以察哈爾爲非，故以其國予朕。今爾與明市馬，是助明也。爾當以察哈爾爲戒，其改之！」碩壘遣偉徵喇嘛等來朝，請與明絕市，上嘉之，命察罕喇嘛往賚貂服、朝珠、弓、刀、金幣。二年，獻所產獸曰獺喜。三年，獻馬及甲冑、貂皮、雕翎，俄羅斯鳥槍，回部弓箙、鞍轡，阿爾瑪斯斧、白鼠裘，唐古特玄狐皮。詔歲貢九白，他物毋入獻。

順治三年，碩壘誘蘇尼特部長騰機思叛，遣子本巴等以兵三萬援，大軍敗之。師旋，詔責碩壘曰：「蘇尼特本察哈爾屬部，向化來歸，爾誘之使叛。朕遣兵追剿時，猶誡勿加兵於爾。詎意爾反稱兵抗拒，以致上蒼降譴，立見敗衂。儻非朕飭令班師，大兵旣壓爾境，何難長驅直入耶？今爾若知自悔，欲贖前愆，其速擒騰機思來獻！」五年，騰機思乞降，碩壘遣使獻駝百、馬千入謝，詔遣子弟來朝。九年，以妄爭歲貢賞，諭責勿貢。十二年，巴布繼其父碩壘爲車臣汗，遣子穆彰墨爾根楚琥爾來朝，詔宥前罪，貢九白如初。是年，喀爾喀左右翼設八扎薩克，命車臣汗領左翼扎薩克之一。十五年，遣大臣齎服物諭賚之。

康熙二十一年，以所屬巴爾呼人私掠烏珠穆沁部界，議增汛兵，嚴防禦。會貢使至，諭曰：「朕聞爾屬衆與界內蒙古互相竊奪，彼此效尤，恐乖生計。朕已飭界內人毋許出境滋擾，爾亦當約束所屬，守分安居。違者卽拘治之，毋稍姑息。」二十二年，詔毋越噶爾拜瀚海游牧。巴布卒，子諾爾布嗣車臣汗。二十六年，偕土謝圖汗察琿多爾濟表上尊號，諭卻之。

二十七年，噶爾丹掠喀爾喀至克嚕倫河。時諾爾布及長子伊勒登阿喇布坦相繼卒，孫烏默客幼，台吉納木扎勒等擕之來歸，從衆凡十萬餘戶，詔附牧烏珠穆沁諸部界，烏默客襲汗號如故。尋理藩院奏降衆日多，請授納木扎勒等爲扎薩克轄之，報可。命科爾沁親王沙津等往示內地法度，諭曰：「朕因爾等爲厄魯特所掠，憐而納之。今觀爾等並無法制約束部曲，恐劫奪不已，離析愈多。爰命增置扎薩克，分掌旗隊，禁止盜賊，各謀生業。爾等果能遵而行之，寇盜不興，禍亂不作，庶副朕撫育歸降、愛養羣生之至意。」二十九年，選所部兵赴圖拉河，隨尙書阿喇尼偵禦噶爾丹。三十年，駕幸多倫諾爾會閱，詔封王、貝勒、貝子、台吉有差，各授扎薩克，編所部佐領，而以車臣汗烏默客統其衆。自是始稱車臣汗部。

三十一年，定所部爲喀爾喀東路。三十四年，遣官往購駝馬。三十五年，上親征噶爾丹，師次克嚕倫河，烏默客等以兵從。凱旋，所部沿途慶獻，日億萬計。明年，詔歸克嚕倫河游牧。五十五年，諭所部選駝六千，以兵五千領之，由郭多里巴勒噶遜運軍糧赴推河。六十年，調兵防護烏梁海降衆於巴顏珠爾克。

雍正九年，選兵三千赴察罕廋爾軍營從勦噶爾丹策凌。十一年，復詔以所部兵千屯游牧西界，訓練防守，並追緝巴爾呼逃衆。十三年，撤還。

乾隆元年，選兵赴鄂爾坤防秋。六年，命參贊大臣都統塔爾瑪善察閱防秋兵於塞勒壁口。十三年，選駝五百運歸化城米赴塔密爾軍營。十七年，選兵四千駐防巴顏烏蘭。二十年，隨大軍勦達瓦齊於伊犁。二十一年，以所屬齊木齊格特人肆竊，命參贊大臣納穆扎爾等往緝，寘之法。諭扎薩克等曰：「朕因爾等不善經理游牧，以致盜賊肆行，特命大臣前往督緝。念皆起於飢寒，復令發帑賑給貧戶，以贍生業。爾等游牧，始皆寧謐。爾等習於玩愒，徒知盜賊已除，不復爲貧者籌畫生計。又或目前尚知約束，日久漸至廢弛。當各統率所屬，詳察貧困之由，俾謀生有策，不至爲非。卽有頑悍不悛之徒，亦當嚴加約束，有犯必懲。務令上下安全，共享昇平之福。」

蕩平準部之役，是部扎薩克郡王巴雅爾什第、扎薩克輔國公達爾濟雅均以俘叛賊包沁副總管阿克珠勒等功，巴雅爾什第晉親王，達爾濟雅晉貝子，扎薩克一等台吉成袞扎布多爾濟以察逆賊青袞咱卜造僞符撤汛兵之詐，督兵嚴守各汛，予公品級，而貝勒旺沁扎布以死事伊犂，予優卹。

先是車臣汗部編佐領，置十一旗，後增十二旗。扎薩克二十有三，盟於克嚕倫巴爾河屯，設正副盟長各一，副將軍參贊各一。爵二十有六：車臣汗一；附輔國公一；扎薩克和碩親王一，由郡王晉襲；扎薩克多羅郡王一；附多羅貝勒一；扎薩克多羅貝勒一；扎薩克固山貝子二，一由貝勒降襲；扎薩克鎭國公一；扎薩克輔國公二，一由貝子降襲；公品級扎薩克一等台吉一；扎薩克一等台吉十三，一由貝子降襲，二由輔國公降襲；附鎭國公一，由貝子降襲。

二十五年八月，命車臣汗部落一體與土謝圖汗等三部落充派兵諸差。三十年，以是部扎薩克貝子旺沁扎布能約束屬下，捕獲私貿俄羅斯民人、蒙古等，上嘉之。四十七年，是部郡王桑齋多爾濟旗與黑龍江屬之呼倫貝爾巴爾虎爭界，謂呼倫貝爾總管將音陳、阿魯布拉克等卡倫私自挪移。四十八年，呼倫貝爾總管三保會桑齋多爾濟及貝勒車凌多爾濟帶同耆老斟酌地圖，由界內挖出舊設卡倫所埋記木，貝勒車凌多爾濟將所屬人等全行收回，桑齋多爾濟仍稱阿魯布拉克一卡往外展佔五十里。五十年，黑龍江將軍恆秀等查辦是部人等報稱阿魯布拉克卡並未外展佔越，桑齋多爾濟坐罰俸。咸豐四年正月，是部車臣汗阿爾罕什達捐銀助軍，受之，却王公等捐軍需之請。

同治二年，是部郡王等旗又與黑龍江巴爾虎爭界，尋命吉林將軍阜保勘之。三年，調是部兵援古城，潰歸。四年，扎薩克車林敦多布以逗留嚴議。六年，調車盟兵戍卡倫。九年，回匪東擾圖盟，是部供軍需，增戍役，應捐輸，勞費與圖盟等。九年十月，庫倫辦事大臣張廷岳以回匪東擾烏里雅蘇台境，奏派是部貝勒幹丹准車林赴額爾德尼昭會剿。尋撤回。十年六月，以回匪踞圖盟左翼中旗郡王拉蘇倫巴咱爾游牧，圖犯庫倫，又派幹丹准車林統駐庫蒙兵赴噶爾沁圖里克、托里布拉克二臺協剿。十一年十二月，以竄烏、庫兩城回匪均回肅州老巢，撤車盟官兵一半。十二年二月，張廷岳以烏里雅蘇台將軍金順西征，庫倫籌備駝隻，張廷岳派員赴圖、車二盟勸諭各王公等竭力捐助。

光緒七年，以改議俄約，調車盟兵駐庫倫。尋以約定撤之。二十二年，將軍崇歡以烏里雅蘇台參贊大臣攤車盟規費特重，請禁之。庫倫辦事大臣桂斌以車臣汗阿爾塔什達任參贊大臣作俑，請追款，諭免之。是年，桂斌奏車盟報應襲台吉已報未襲者有六百餘員，積壓未題者有三次之久。諭理藩院迅速核辦，不准積壓。二十五年九月，烏里雅蘇台將軍連順奏車臣汗德木楚克多爾濟阻撓鑛務，與俄人交密，形狀可疑，諭撤去差使。十一月，是部王公等又呈理藩院請停辦鑛務，命崑岡等往勘緩之。二十六年，拳匪事起，庫倫辦事大臣豐陞阿等調是部各旗官兵自備餉項，巡防邊卡。洎呼倫貝爾爲俄兵所據，巴爾虎諸處避難官民均至是部界內，盟長等防守撫輯，均協所宜。二十八年，豐陞阿以是部王公異常出力，請予獎勵。於是車盟盟長郡王多爾濟帕拉穆加親王銜，副盟長扎薩克鎭國公車林尼瑪挑御前行走，參贊扎薩克輔國公那爾莽達琥賞雙眼花翎，餘給獎有差。

宣統二年二月，內盟蒙匪托克托等竄擾是部貝子桑薩賴多爾濟旗，三多遣駐庫宣化練軍營官鄭春田等迎擊失利。電諭周樹模飭呼倫道汛派兵往接應，而蒙匪竄俄境。是年，是部郡王多爾濟帕拉穆爲資政院欽選議員。三年閏六月，是部扎薩克貝子多爾濟車林等報効辦理新政銀兩，獎之。十一月，哲布尊丹巴稱尊號于庫倫，脅是部王、公、扎薩克等附之。是部車臣汗阿爾塔什達、車林多爾濟父子皆爲烏里雅蘇台參贊大臣。有鑛，有鹽池，有成吉思汗陵。佐領共有四十。

賽因諾顏部，稱喀爾喀中路，至京師三千餘里。東界博囉布爾哈蘇多歡，西界庫勒薩雅孛郭圖額金嶺，南界齊齊爾里克，北界齊老圖河。

元太祖十七世孫偉徵諾顏諾諾和有子五：長阿巴和，爲土謝圖汗部祖；次塔爾呢，無嗣；次圖蒙肯；次巴賚。今賽因諾顏部二十四扎薩克，自厄魯特二旗外，皆其裔。圖蒙肯子十三：長卓特巴，號車臣諾顏，爲扎薩克輔國公托多額爾德尼、諾爾布扎布、台吉圖巴三旗祖；次丹津喇嘛，號諾們汗，爲扎薩克親王善巴、輔國公旺舒克、車凌達什、台吉齊旺多爾濟、素達尼、多爾濟六旗祖；次車凌，次羅雅克，皆無嗣；次濟雅克，號偉徵諾顏，爲扎薩克輔國公阿玉什一旗祖；次扎木本，其番不列扎薩克；次察斯喜布，號昆都稜，爲扎薩克台吉伊達木、納木扎勒二旗祖；次丹津，號班珠爾，爲扎薩克超勇親王策稜子親王成袞扎布、郡王車布登扎布二旗祖；次畢瑪里吉哩諦，號巴圖爾額爾德尼諾顏，爲扎薩克台吉丹津額爾德尼一旗祖；次錫納喇克薩特，號琿台吉，爲扎薩克台吉阿哩雅、薩木濟特二旗祖；次桑噶爾扎，號伊勒登和碩齊，爲扎薩克台吉沙嚕伊勒都齊一旗祖；次扣肯，號巴扎爾，爲扎薩克台吉濟納彌達一旗祖；次袞布，號昆都倫博碩克圖，授扎薩克郡王，今襲貝勒，其曾孫額璺根，授扎薩克台吉，又自爲一旗。巴賚子一，曰噶爾瑪，爲扎薩克鎭國公素泰伊勒登一旗祖。

初，喀爾喀有所謂紅教者，與黃教爭，圖蒙肯尊黃教，爲之護持。唐古特達賴喇嘛賢之，授賽因諾顏號，令所部奉之視三汗。圖蒙肯卒，次子丹津喇嘛復受諾們汗號於達賴喇嘛。

崇德三年，遣使通貢，優賚遣歸。五年，賜敕獎諭。順治四年，以偕其旗土謝圖汗袞布等合兵援蘇尼特部叛人騰機思，詰責之。七年，遣子額爾德尼諾木齊上書乞好，詔偕袞布約誓定議。十一年，額爾德尼諾木齊復奉表，諭曰：「爾奏言喀爾喀左翼四旗皆爾統攝，凡有敕諭，罔弗遵行。今卽如所請，可速飭爾部長遣子來歸。有不遵者，卽行奏聞。」十二年，偕袞布等各遣子弟來朝，詔宥前罪。尋設八扎薩克，命丹津喇嘛領左翼扎薩克之一，歲貢九白如三汗例。十八年，賜「遵文順義」號，給之印。

康熙三年，詔所屬毋越界游牧。丹津喇嘛卒，子塔斯希布襲。塔斯希布卒，子善巴襲，賜信順額爾克岱靑號。二十七年，噶爾丹掠喀爾喀，善巴率屬來歸。詔附牧烏喇特諸部界。三十年，駕幸多倫諾爾會閱，詔封善巴等王、台吉有差，各授扎薩克，編所屬佐領，隸土謝圖汗部。三十一年，善巴從弟策稜來歸。策稜者，圖蒙肯第八子丹津之孫，台吉納木扎勒之子，後授固倫額駙和碩超勇親王、定邊左副將軍兼稱喀爾喀大扎薩克者也。三十六年，詔善巴等各歸舊牧。五十六年，選兵赴阿爾台軍偵禦策妄阿喇布坦。

雍正三年，上以所部系出賽因諾顏，較三汗裔繁衍，而額駙策稜自簡任副將軍，勞績懋著，命率近族親王達什敦多布，貝勒納木扎勒、齊素嚨，貝子策旺諾爾布，輔國公阿努哩敦多布、額琳沁、扎木禪旺扎勒，台吉格木丕勒、齊旺、錫喇札布、達爾濟雅、根敦、車布登、巴朗、延達博第、呢瑪特、克什、諾爾布扎布，凡十九扎薩克，別爲一部，以其祖賽因諾顏號冠之，稱喀爾喀中路，不復隸土謝圖汗部。喀爾喀有四部自此始。

九年，所部兵隨大軍剿噶爾丹策稜，擊其衆克爾森齊老及額爾德尼昭，大敗之。十三年，撤還。乾隆元年，選兵赴鄂爾坤防秋。六年，參贊大臣副都統慶泰察閱防秋兵於桑錦托羅海。十三年，選駝五百運歸化城米赴塔密爾軍營。尋調所部兵二千駐防錫喇烏蘇。十九年，移塔密爾軍營于是部中前旗之烏里雅蘇台，以是部兵分駐扎布堪。二十五年，隨大軍剿達瓦齊，平之。二十六年，設烏里雅蘇台至烏魯木齊台站，留侍衞四員，餘撤之。

先是喀爾喀分設中路時，但以賽因諾顏名其部，以示別於三汗，未議襲號。三十一年，親王成袞扎布奏所部來歸。初，親王善巴爲同族長，又世掌丹津喇嘛所遺印，請視三汗例，以善巴曾孫親王諾爾布扎布襲賽因諾顏號。詔允其請，俾與土謝圖汗、車臣汗、扎薩克圖汗均世襲罔替。蕩平準部之役，成袞扎布長子額爾克沙喇以剿叛賊巴雅爾功，封輔國公。策凌次子輔國公車布登扎布積俘準部宰桑庫克辛等、平達瓦齊、誅賊固爾班和卓、征哈薩克功，歷晉貝子、貝勒、郡王至親王品級。貝子車木楚克扎布積捕獲烏梁海宰桑、復設臺站及招降阿爾泰淖爾烏梁海功，歷晉封至郡王。扎薩克一等台吉三都克扎布以協濟軍需，復予襲輔國公。扎薩克一等台吉達什額以得叛賊布庫察罕功，予公品級。而貝子羅布藏車隣以死事烏魯木齊，晉其子貝勒。

初，所部十九旗，後增三旗，附額魯特二旗。扎薩克二十有四，盟於齊齊爾里克，設正副盟長各一，副將軍、參贊各一。爵三十有三：扎薩克和碩親王二；附固山貝子一，由貝勒降襲；鎮國公一，由貝子降襲；輔國公二；公品級一等台吉一；公品級三等台吉一；扎薩克多羅郡王二，一由鎮國公晉封；扎薩克多羅貝勒二，一由郡王降襲，一由鎮國公晉襲；扎薩克鎮國公一，由扎薩克台吉晉襲；附輔國公一；扎薩克輔國公五，一由扎薩克台吉晉襲；公品級扎薩克一等台吉一；扎薩克一等台吉九；附輔國公一；公品級三等台吉一；厄魯特扎薩克固山貝子二，一由郡王降襲，一由輔國公晉襲。

三十八年九月，以賽盟郡王車布登扎布爲烏里雅蘇台參贊大臣。四十二年十月，賽盟郡王車布登扎布率本部王、公、扎薩克、台吉等進大行皇帝齋醮馬駝，溫諭却之。四十五年六月，以賽音諾顏部落占據土謝圖汗游牧，諭博清額查明，毋使侵占。十月，定賽音諾顏、土謝圖汗兩部界址。

嘉慶四年，是部親王御前大臣拉旺多爾濟等請調集本盟兵馬助剿教匪，溫旨止之，並命理藩院傳知蒙古各盟，停其預備。七年八月，定喀爾喀賽因諾顏、扎薩克圖汗二部事務在烏里雅蘇臺會集，與定邊左副將軍一同辦理。八年，以是部齊巴克扎布旗容留種地民人，命交烏里雅蘇台參贊大臣永保辦理。十二年五月，烏里雅蘇臺參贊大臣薩木丕勒多爾濟卒，以綸布多爾濟代之。

道光三年七月，以賽音諾顏盟長德木楚克扎布等于大路搶劫官人財物不能捕緝，詔嚴議。十月，烏里雅蘇台將軍果勒豐阿奏：「烏里雅蘇台地方，請准令商民等每年馱運茶七千餘箱赴古城兌換米麪。如不敷，令湊買雜貨，仍照例給發印票，不准另往他處。」六年十一月，回疆軍興，賽音諾顏、扎薩克圖汗兩盟王、公、扎薩克等輸駝隻助軍。七年十月，綸布多爾濟調庫倫辦事大臣。十二月，以車林多爾濟爲烏里雅蘇台參贊大臣。十八年，以哈薩克闌入卡倫，命車林多爾濟統賽、扎兩盟，杜爾伯特等蒙兵逐之。十九年正月，給驅逐哈薩克之賽、扎兩盟蒙古官兵俸賞行裝銀。四月，命車林多爾濟調兵驅逐復入烏梁海之哈薩克。八月，以驅逐哈薩克妥速，賚車林多爾濟親王俸一年。二十五年二月，賽盟郡王圖克濟扎布以不赴軍營，革副將軍，阿爾塔什達代之。

咸豐三年，賽、扎兩盟王、公、扎薩克等請捐助軍需，溫旨卻之。十一年，阿爾塔什達調庫倫，以車林敦多布代之。

同治三年，回匪陷烏魯木齊各城，調是部兵援古城，竟無功。五年七月，李雲麟奏：「與明誼等會商，擬將扎薩克圖汗部、賽音諾顏兩部額兵全行派出，共一千八百名。其本愛曼操防之兵，徐爲布置。旋因察漢烏蘇卡倫聞警，當與麟興等熟商。北路既有警報，擬每愛曼仍留五百兵備防本境。復商之車林敦多布，轉傳各盟長，將西兩盟額兵以外之壯丁，每盟再挑五百名，於八月派齊，隨後繼發。」並謂北路寇至不能禦，差務不暇給，保貝勒晉丕勒多爾濟遇事勇敢，其才爲喀爾喀四部王公之冠。適車林敦多布乞病，詔卽以晉丕勒多爾濟代之。李雲麟尋率賽、扎兩盟兵西進。十一月，至呼圖古蘭臺，扎盟兵變，賽盟兵亦潰，李雲麟自奏回烏城，詔嚴責之。七年，晉丕勒多爾濟倡捐布倫托海新城經費，偕郡王桑噶西哩等捐銀二萬五千兩有奇。予晉丕勒多爾濟王銜，餘給獎有差。

九年二月，肅州回匪東竄，擾是部推河以西額爾德尼班第達呼圖克圖游牧，蒙兵潰于哈爾呢敦。閏十月己巳，庫倫辦事大臣張廷岳等奏：「回匪竄偪烏城，福濟、榮全督蒙兵二百在城防守，參贊大臣晉丕勒多爾濟督索倫、滿、漢兵五百迎擊，駐頭台。竄匪三千現已抵二台。」辛未，烏里雅蘇台將軍福濟等奏：「回匪踞博克多山、推河口、額爾德尼昭等處。十月九日，竄至第十一烏特台，文報不通，南台蒙兵聞警先遁。」十一月戊申，福濟及參贊大臣榮全奏：「十月九日，賊千餘人由東南至西南山溝來撲東西南三門，東溝又來賊數千。初更，賊四面放火，燬柵而登，城池失陷。二十三日，賊由西南竄去。福濟遇救尚存，榮全奔向西北，於閏十月四日折回，定邊將軍印信遺失，榮全親兵護出伊犁將軍印信，暫時借用。」命福濟、榮全革職留任，諭杜嘎爾統察哈爾馬隊及已調吉林、黑龍江官兵赴烏城進剿。尋回匪西竄金山卡倫，晉丕勒多爾濟回烏里雅蘇台。諭整飭台站，疏通道路。十二月，諭晉丕勒多爾濟將張廷岳撤回官兵分布防守推河等處，福濟妥設霍呢齊及推河糧台。癸酉，晉丕勒多爾濟奏飭賽、扎兩部落揀兵分紮烏城台站，并防各旗游牧。乙酉，允福濟等請，設烏城駐班台站扎薩克二員、管台二員。諭福濟迅將哈爾呢敦等台趕緊預備，催綏遠城所遣達爾濟一軍前進。是月，喇嘛棍噶扎拉參一軍自科布多援烏城。

十年正月，諭嚴催晉丕勒多爾濟設復烏城以南台站。晉丕勒多爾濟劾福濟謬妄貽誤，自顧身命，將倉庫存項酬謝賊匪，眷屬皆係自盡，非爲賊所害。福濟亦劾蒙古官員規避差使，請捏病告假規避，或飭傳故意遲行及始終不到者，均革職任，無職任者銷爵，仍令來營，從之。設霍呢齊台轉運總局，福濟飭貢果爾帶察哈爾馬隊駐守之。榮全奏：「親往催辦烏城以南二十台，行抵推河，見水台氈房駝馬漸集。推河至哈爾呢敦五台照舊布置，略有規模。請給自備駝馬幫台之蒙古台吉丁戶一半錢糧。」從之。以回匪復圖再擾烏城，諭福濟等整頓台站，杜嘎爾軍毋得逗留。二月，諭福濟等妥爲布置哈爾呢敦、額爾德尼昭、推河三處防守，並以達爾濟一軍行抵哈爾呢敦阻滯，飭督令各台站妥爲供支，毋誤戎機。三月，以烏屬各臺尙未備齊，致滯師行，諭切責福濟，並令傳知蒙古王公等率屬守禦，予烏城殉難蒙兵卹。杜嘎爾奏派蘇彰阿帶黑龍江兵五百赴烏城，並調貢果爾一軍赴前敵各路。諭杜嘎爾赴察爾呢敦等處防剿。

四月，予賽盟台吉車登丕勒吉雅捐銀麪獎。杜嘎爾進駐貢鄂博地方。諭福濟等飭蒙古台站應付駝馬等項。晉丕勒多爾濟以請歸游牧，罷烏里雅蘇台參贊大臣，下院嚴議，以扎盟中左翼左旗貝勒多木沁扎木楚代之。福濟亦革任，以金順爲烏里雅蘇台將軍，奎昌署之。回匪復擾是部阿米爾密特游牧，焚掠固爾班賽汗等處。諭杜嘎爾會奎昌等迅速追剿。五月，回匪竄薩哈爾呢敦附近之薩巴爾圖河、推河一帶，杜嘎爾遣納魯肯一軍駐翁吉驛防之。六月，回匪竄擾霍爾哈順、霍呢齊二台。諭慶春飭達爾濟於推河等處防守，杜嘎爾撥隊扼要駐紮，保護糧路。福濟等奏烏城調到吉林、黑龍江、察哈爾馬隊三千二百五十名，發圖、車、賽、扎四盟採買駝馬等銀各一萬兩。八月，回匪復竄入阿米爾密特旗，至巴彥罕山，逼近翁吉河。福濟等飭賽盟速派蒙兵五百名赴南台哈爾呢敦堵截。九月，達爾濟一軍勦竄翁吉河之匪，殄之。杜嘎爾遣福珠哩率兵勦匪于阿米爾密特旗之那林渾第等處，殄之。是旗附近肅清。達爾濟亦敗賊於喀雅喀拉烏蘇地方。

十一年正月，肅州回匪復竄擾是部阿米爾密特旗游牧西南之濟爾哈朗圖地方。諭金順、奎昌等各設法保護所屬台站。杜嘎爾奏派富珠哩一軍扼紮哈爾呢敦一帶。四月，回匪竄擾白託羅蓋及金山卡倫游牧，奎昌等遣馬隊追勦。九月，連敗之於沙爾魯爾頓及庫爾庫嚕地方，匪自阿育爾公旗竄扎哈沁。

十二年二月，烏里雅蘇台將軍長順等以回匪屢擾賽、扎兩盟牧，暫令扎盟公車德恩敦多布多爾濟旗移於邊界相當之賽音諾顏部落右翼右後旗副將軍王格里克扎木楚、扎薩克瑪尼巴拉等旗游牧，賽盟扎薩克阿米爾密特旗移於本部賽音諾顏旗親王車林端多布等旗游牧。兩盟南界金山卡倫，亦令暫撤，俾作清野之計。奏入，得旨，下所司知之。十三年正月，烏城解嚴，長順等撥察哈爾新兵五百，令佐領依楞額統赴科布多，裁烏城賽、扎兩盟防兵五百，侍衞豐陞阿統察哈爾馬隊仍駐扎巴罕河。

光緒六年，以改議俄約，調賽、扎兩盟蒙兵二千名駐烏里雅蘇台。七月，以將軍春福等奏輔國公額爾奇博爾豁地方作爲官屯。九月，予賽盟扎薩克濟爾哈朗報効屯地奬。七年六月，以俄約成，撤駐烏城之賽盟蒙兵。將軍杜嘎爾奏暫停辦博爾谿屯田。十一年九月，復設金山卡倫。十三年，署烏里雅蘇台將軍祥麟等奏：「管理推河、扎克等台吉巴扎爾等報所屬都特庫圖勒等三台鼠災，請將都特庫圖勒台暫移在諾們汗沙畢游牧內拜達里克河邊之敖爾楚克哈克圖地方，扎克、和博勒庫根兩台向前移在賽盟右翼右後旗郡王吹蘇倫扎布旗屬之扎綏額奇叟吉、哈拉佈拉克等地方。體察鼠災定息，青草暢茂，再飭各歸原台當差。」允之。十九年，烏里雅蘇台參贊大臣車林多爾濟病免，以那木濟勒端多布代之。二十一年十二月，修烏里雅蘇台。二十三年，修烏里雅蘇台河橋及河隄。二十五年九月，將軍崇歡奏查閱邊卡供給，每台有加至百五十兩之事，此次免去。查閱南二十台駝馬兩廠，專查五十五座台卡供給應付，概從删減。二十六年，崇歡奏以古城一帶蝗災，改採購戍守官兵日需米麪於歸化城。是年以拳匪肇釁，邊防戒嚴，將軍連順等調賽、扎兩盟及烏梁海兵擇要防守，各王、公、扎薩克等挑選壯丁，籌幫軍食，均能嚴約屬下，勿欺凌俄商，保全大局。二十八年，請將奏入予賽盟盟長扎薩克郡王吹蘇倫扎布、親王那木囊蘇倫、副將軍扎薩克鎮國公剛珠爾扎布、副盟長扎薩克郡王固嚕固木扎布等獎有差，特予參贊大臣那木濟勒端多布黃馬褂。

二十九年，設烏城中、俄通商事務局。三十年八月，連順等以賽、扎兩盟呈報去冬今春雪災，牲畜倒斃。三十一年，是部中左末旗親王那彥圖請裁佐領所遺差戶。護將軍奎煥飭由本盟各旗分派，按旗接充。入夏亢旱，駝馬疲瘦，請緩查閱台站，允之。三十二年，賽盟盟長吹蘇倫扎布卒，將軍奎煥等請于參贊大臣貝勒車登索諾木、親王那木囊蘇倫二員內簡一人爲盟長。得旨，授那木囊蘇倫盟長。定例，盟長由理藩院請簡，此出將軍保奏，非恆格也。那木濟勒端多布之後，是部中左旗貝勒車登索諾木、中右旗郡王庫魯固木扎布相繼爲烏里雅蘇台參贊大臣。三十四年六月，御史常徽劾車登索諾木「捏報災情。本盟應派差使，不遵奏章赴邊。防守之差，以賄爲定，蒙情不服，咸有戒心。如牧廠未報地界，任令開荒。駝馬捏報倒斃，孳生以多報少，弊混不可枚舉」。宣統元年，將軍堃岫查覆，多爲寬解，惟謂車登索諾木於本旗充當各差，或有互調他旗，以遠易近，避重就輕。管理旗務之扎薩克齊阿莫朦混自專，請革之，而爲車登索諾木請免議。

二年，是部親王那木囊蘇倫、那彥圖爲資政院欽選議員。三年，庫倫獨立，是部王公附之，將軍奎芳被迫去職。

是部額駙策淩之後，親王拉旺多爾濟、車登巴咱爾、達爾瑪、那彥圖多至御前大臣、領侍衞內大臣，爲外扎薩克諸部所莫及。是部地兼耕牧，有鑛，有鹽池，向稱饒富。共有佐領三十一。

扎薩克圖汗部，稱喀爾喀西路，至京師四千餘里。東界翁錦，西爾哈勒珠特，西界喀喇烏蘇、額埒克諾爾，南界阿爾察喀喇托輝，北界推河。

元太祖十六世孫格埒森扎扎賚爾琿台吉有子七，分掌喀爾喀左、右翼。左翼牧圖拉河界，右翼仍留居杭愛山。其長子阿什海達爾漢琿台吉、次子諾顏泰哈坦巴圖爾、第四子德勒登昆都倫、第七子鄂特歡諾顏同掌之。今扎薩克圖汗部十九扎薩克，自厄魯特一旗外，皆其裔。阿什海達爾漢琿台吉子二：長巴延達喇，子賚瑚爾汗，爲原封扎薩克圖汗策旺扎布及扎薩克貝勒卓特巴，台吉喇布坦、額爾德尼袞布三旗祖；次圖們達喇岱青，子碩壘烏巴什，號琿台吉，爲扎薩克貝勒根敦，輔國公沙克扎、齊巴克扎布，台吉納瑪琳藏布、達什朋素克五旗祖。諾顏泰哈坦巴圖爾生土伯特哈坦巴圖爾，子二：長崆奎，號車臣濟農，爲扎薩克郡王朋素克喇布坦、貝子博貝、輔國公索諾木伊斯札布，台吉烏爾占、哈瑪爾岱青五旗祖；次賽因巴特瑪，號哈坦巴圖爾，爲扎薩克輔國公袞占、台吉伊達木扎布二旗祖。德勒登昆都倫生鍾圖岱，號巴圖爾，爲扎薩克台吉諾爾布一旗祖。鄂特歡諾顏生青達瑪尼默濟克，號車臣諾顏，爲扎薩克輔國公通謨克、台吉普爾普車凌二旗祖。

初，賚瑚爾爲喀爾喀右翼長，所部以汗稱，傳子素巴第，始號扎薩克圖汗，與其族土謝圖汗袞布、車臣汗碩壘同時稱三汗。碩壘通好最先，袞布次之，素巴第最後。崇德三年，以其部謀掠歸化城，上統師征，所部遁，素巴第遣使謝罪，並貢馬及獨峯駝、無尾羊。諭曰：「朕以兵討有罪，以德撫無罪，惟行正義，故上天垂佑，蒙古、察哈爾諸部皆以畀朕。爾等皆其所屬，當卽相率歸誠，不則亦惟謹守爾界。乃反與兵搆怨，謀肆侵掠，豈以遠處西北，卽爲征討不及之區耶？今與爾約，嗣後愼勿復入歸化城界，重貽罪戾。」五年，復賜敕誡諭。

順治四年，素巴第聞詔責碩壘、袞布等納蘇尼特叛人騰機思及掠巴林罪，欲代爲解，偕同族俄木布額爾德尼上書乞好。上因其書不稱名，詞近悖慢，切責之。七年，俄木布額爾德尼等詭稱行獵，私入歸化城界掠牧產，遣官飭歸所掠。會素巴第卒，子諾爾布嗣，稱畢錫呼勒圖汗，遣使入貢。諭曰：「朕本欲許爾等和好，故命察歸所掠以贖前罪。今爾等反以朕留爾逃人爲詞，是何心耶？朕統一四海，爾等彈丸小國，勿恃荒遠，勿聽奸詞，致隕爾緒。」十二年，諾爾布偕俄木布額爾德尼各遣子來朝謝罪。十四年，復偕同族車臣濟農昆都倫陀音奉表乞好。詔宥前罪。十六年，遣大臣齎服物諭賚之。

先是喀爾喀左右翼設八扎薩克，諾爾布及俄木布額爾德尼、車臣濟農昆都倫陀音各領右翼扎薩克之一。諾爾布卒，子旺舒克襲，仍號扎薩克圖汗。俄木布額爾德尼卒，子額璘沁襲，號羅卜藏台吉。康熙元年，額璘沁以私憾襲殺旺舒克，奔就厄魯特。其叔父袞布伊勒登避難來歸，封扎薩克貝勒，駐牧喜峯口外察罕和朔圖。詳喀爾喀左翼部總傳。九年，命旺舒克弟成袞襲扎薩克圖汗號，輯其衆。二十三年，成袞以額璘沁之亂，屬衆潰，多往依左翼土謝圖汗察琿多爾濟，屢索不獲，與搆釁。命阿齊圖格隆等諭解之。會成袞卒，厄魯特噶爾丹謀掠喀爾喀，誘成袞子沙喇攻察琿多爾濟。沙喇因會噶爾丹於固爾班赫格爾，台吉德克德赫等從往。察琿多爾濟惡之，追殺沙喇及德克德赫。二十七年，噶爾丹以兵三萬掠喀爾喀，至杭愛山，所部大潰。沙喇弟策旺札布偕同族色凌阿海等相繼來歸，詔附牧烏喇特諸部。三十年，駕幸多倫諾爾會閱，以所部屢經變亂被芟夷，詔封色凌阿海等王、貝子、台吉有差，各授扎薩克，令集所屬編佐領撫輯之。而以成袞子策旺扎布爲扎薩克圖汗，特封和碩親王，統其衆。自是始稱扎薩克圖汗部。三十一年，定所部爲喀爾喀西路。三十六年，詔歸杭愛山游牧。四十年，賜牧產贍之。尋命策旺扎布仍襲扎薩克圖汗號。

雍正四年，遣額駙策凌等赴阿爾台勘所部與準噶爾界。九年，大軍剿噶爾丹策凌，詔所部扎薩克等內徙游牧。十年，以準噶爾敗遁，諭曰：「去歲朕降旨令爾等徙居內地，並不感悅遵行，屢次催促，始勉强遷移。今幸大軍於蘇克阿勒達呼及額爾德尼昭兩敗賊衆，爾等始得安居，否則豈能保護牲畜乎？朕思爾等本屬一體，豈有甘居庸懦受人庇廕之理。嗣後各宜激烈奮發，不惟永享昇平，亦且垂光史冊矣。」

先是扎薩克圖汗策旺扎布以從征退縮罪削爵，詔郡王朋素克喇布坦子格呼克延丕勒襲汗號。十二年，調兵駐防察罕廋爾。

乾隆元年，選兵赴鄂爾坤防秋。二年，定邊大將軍平郡王福彭奏：「喀爾喀四部防秋兵皆駐鄂爾坤，扎薩克圖汗部駐牧扎克拜達哩克西南，距鄂爾坤尤邇。請卽令在彼駐防，徵調無難卽至。」詔如所請。五年，諭曰：「前以軍務方興，恐爾部游牧被賊侵擾，悉令內徙。今噶爾丹策凌謹遵朕旨，奏稱不敢越阿爾台游牧，甚屬恭順。朕亦降旨令爾部游牧毋踰扎布堪、齊克愼、哈薩克圖、庫克嶺等處。爾等當徧諭所屬，永遠遵行。儻有違令生事者，嚴行治罪。況今雖許準噶爾和好，罷息干戈，而平日不可不訓習武備，爾等其留意，毋忽！」六年，命參贊大臣副都統慶泰察閱防秋兵於哈里勒邁。十三年，選駝五百運歸化城米赴塔密爾軍營。十六年，敕禁所部越境與準噶爾及回衆私市。十七年，選兵千駐防錫喇烏蘇。二十年，隨大軍進勦達瓦齊。二十二年，以其部和托輝特郡王靑衮咱卜叛，誅之。尋諭扎薩克圖汗部曰：「前因靑衮咱卜負恩背叛，散布流言，衆喀爾喀間有煽動。經朕訓諭，爾等旋知悔悟，各奉職守。今逆賊就誅，黨附人等應分別治罪，以彰國憲。但爾等爲國家臣僕百餘年，誤聽浮言，致干罪戾，並非有心附賊，免其查究。嗣後益宜仰體朕恩，湔滌前愆，約束所屬，各安本業，綏靜邊隅，長享太平之福。」

先是扎薩克圖汗部編佐領，蕩平準、回之役，是部扎薩克郡王品級貝勒青袞咱卜、貝勒達登扎布皆以叛誅，而輔國公旺布多爾濟積仔青袞咱卜及準部叛賊呢瑪功，晉襲貝勒，予郡王品級。一等台吉扎薩克朗袞扎布積取庫車擾賊及克庫車功，晉至鎮國公。二等台吉諾爾布以不從叛賊策登扎布，授扎薩克一等台吉。死事於阿里固特之二等台吉齊巴克扎布，追封輔國公，并授其子巴圖濟爾噶勒扎薩克。其扎薩克一等台吉噶爾丹達爾扎，以率其屬戶口自準部特穆爾圖諾爾游牧復歸，授一等台吉，其後授其子拉克沁噶喇扎薩克，編佐領隸是部。

先是扎薩克圖汗部編佐領分十旗，後增八旗，附厄魯特一旗。扎薩克十有九，盟於扎克畢賴色欽畢都哩雅諾爾，設正副盟長各一，副將軍、參贊各一。爵二十有二：扎薩克圖汗兼多羅郡王一；附公品級三等台吉一，由輔國公降襲；郡王品級扎薩克多羅貝勒一；扎薩克鎮國公二，一由貝勒降襲，一由扎薩克台吉晉襲；扎薩克輔國公六，一由貝子降襲；附輔國公一；扎薩克一等台吉八；附輔國公一；厄魯特扎薩克一等台吉一。

乾隆四十五年，以是部扎薩克巴哈圖爾侵佔杜爾伯特游牧，嚴飭查辦，促令交還。嘉慶七年十月，收扎薩克圖汗布尼喇特納等進馬五百匹。道光六年，回疆軍興，是部捐駝馬助軍需。二十五年，定扎薩克圖汗盟支差章程，王、公、台吉等將所屬喀木齊罕阿拉巴圖等牲畜分作二分，一分牲畜津貼佐領等出差；扎薩克台吉喀木齊罕阿拉巴圖等所有牲畜，依佐領等一律按戶扣除大牲畜一雙，餘次牲畜，均與應派佐領下人等正項差務一律出派；其貧苦台吉佐領下喀木齊罕阿拉巴圖等各均相監之。咸豐三年，是部汗、王、公、扎薩克等以軍興捐助軍需，溫旨卻之。

同治三年，回匪陷烏魯木齊等城，古城諸城被圍，調是部蒙兵援之。五年十一月，李雲麟奏扎盟蒙兵抵呼圖古蘭臺，劫掠變亂。尋潰歸。九年六月，肅州回匪擾是部境。十月，竄聚博提哈拉烏蘇、庫努克等處殺掠。十一月，匪于陷烏城後，竄金山卡倫察罕博克多地方。十一年十月，奎昌等奏移翰克巴雅爾所部察哈爾馬隊駐扎盟察罕淖爾地方防回匪犯烏城。九月，回匪竄是部輔國公車德恩敦多布多爾濟游牧。車德恩敦多布多爾濟自備軍裝軍火糧餉，督台吉官兵，于十六、十七日再挫匪于景色圖及巴彥察汗地方，匪向西遁。事聞，予貝子銜。十二月，擾科城之回匪竄聚於扎部南境，奎昌派達爾濟帶隊攻剿。

十二年正月，奎昌等奏回匪于十一月竄扎盟所屬之那瑪勒吉幹昭地方，官軍于是月十一日進攻敗之，匪即北竄。追剿至十二日，匪又向察罕布爾噶奔竄，山勢險隘，負固相持。達爾濟赶帶馬隊前進，匪又越山遁聚巴里坤、扎盟交界地方。二月，烏里雅蘇台將軍長順等以扎盟牧南各旗毗連肅州，屢被回匪擾害，奏暫移公棍楚克扎布、右翼前扎薩克桑青齊蘇隆、右翼後末瑪呢達拉等旗於本部扎薩克圖汗及右翼中參贊公密帕散布、中右翼末旗達什拉布坦、扎薩克車德恩多爾濟等旗游牧，扎薩克圖汗旗移本部落右翼左公銜扎薩克班扎班咱爾扎布、右翼末次扎薩克達散巴拉等旗游牧。俟賊匪肅清，卽令各歸舊牧。下所司知之。十月，回匪竄擾圖謝公游牧，旋擾察幹河及莫爾根地方。長順等遣卓凌阿剿匪于圖謝公游牧之庫布奇爾果羅地方，勝之，救出蒙古男婦子女一百九十餘名。科布多所遣防禦喜莫得等率兵敗匪于阿育爾公旗庫倫喇嘛地方，救出被脅蒙民男婦三四百名。會棟呢特多爾濟軍敗之於烏蘭壩，匪向鞥克扎薩克旗以南踰山逃遁。十三年三月，予扎薩克圖汗等捐助烏里雅蘇台城獎。

光緒初，烏魯木齊諸城克復，是部始解嚴。七年，徵是盟兵戍科布多。俄約成，撤去。二十一年，是部以甘肅回匪滋擾，文報改由台路，撤回邊界游牧牲畜，爲堅壁淸野之計。二十三年，烏里雅蘇台將軍崇歡等劾盟長扎薩克鎭國公阿育爾色德丹占扎木楚假公攤派，請革職，允之。二十四年，是部與賽音諾顏部王、公、扎薩克等輸昭信股票銀，並請報効，仍予獎。二十五年，是部扎薩克蘊多爾濟旗與科布多之扎哈沁爭界，志銳等奏所爭一爲巴爾嚕克鄂博，一爲鞥吉爾圖鄂博，一爲田德克庫與喀拉占和碩界線，請飭理藩院秉公剖斷，允之。二十六年，拳匪肇衅，邊防戒嚴，是盟王、公、扎薩克等于徵兵籌餉均得出力。二十八年，予扎薩克圖汗索特那木拉布坦、副將軍扎薩克輔國公洛布桑端多布獎有差。宣統二年，索特那木拉布坦爲資政院欽選議員。三年，庫倫獨立，脅是部汗、王等附之。是部有鑛，有鹽。佐領有二十一。

清史稿卷五百二十二

列傳三百九

藩部五

青海額魯特

青海額魯特部，在西寧邊外，至京師五千七十里。東及北界甘肅，西界西藏，南界四川，袤延二千餘里，即古西海郡地。分左右二境，左境：東自棟科爾廟，西至洮賚河界，八百餘里；南自博囉充克克河北岸，北至西喇塔拉界，四百餘里；東南自拉喇山，西北至額濟訥河界，四百餘里；東北自永昌縣界，西南至布隆吉爾河界，三千餘里。右境：東自棟科爾廟，西至噶斯池界，二千五百餘里；南自漳臘嶺，北至博囉充克克河南岸，千五百餘里；東南自達爾濟嶺，西北至塞爾騰、西爾噶拉金界，二千餘里；東北自克騰庫特爾，西南至穆嚕烏蘇河界，千五百餘里。

厄魯特舊分四部：曰和碩特，姓博爾濟吉特；曰準噶爾；曰杜爾伯特，姓綽囉斯；曰土爾扈特，姓不著。部自爲長，號四衞拉特。金稱厄魯特，卽明時所謂阿魯台也。有輝特者最微，初隸杜爾伯特。後土爾扈特徙俄羅斯境，輝特遂爲四衞拉特之一云。青海蒙古分牧而處，有和碩特，有土爾扈特，有準噶爾，有輝特，統以厄魯特稱之。

和碩特設扎薩克二十有一，其始祖爲元太祖弟哈布圖哈薩爾，七傳至阿克薩噶勒泰。子二：長阿魯克特穆爾，今內扎薩克科爾沁、扎賚特、杜爾伯特、郭爾羅斯、阿嚕科爾沁、四子部落、茂明安、烏喇特八部，其裔也。次烏嚕克特穆爾，九傳至博貝密爾咱，稱衞拉特汗，子哈尼諾顏洪果爾繼之。有子六：長哈納克土謝圖，次拜布噶斯，次昆都倫烏巴什，次圖魯拜琥，次色稜哈坦巴圖爾，次布雅鄂特歡。哈納克土謝圖爲公中扎薩克台吉車凌納木扎勒一旗祖。拜布噶斯子鄂齊爾圖汗及阿巴賴諾顏，牧西套，後準噶爾滅其部。昆都倫烏巴什號都爾格齊諾顏，今駐牧珠都斯之和碩特部四旗，其裔也。圖魯拜琥號顧實汗，分青海部衆爲二翼，子十人領之。居左翼者，曰達延，曰鄂木布，曰達蘭泰，曰巴延阿布該阿玉什。居右翼者，曰伊勒都齊，曰多爾濟，曰瑚嚕木什，曰桑噶爾扎，曰袞布察琿，曰達什巴圖爾。達延號鄂齊爾汗，爲扎薩克鎭國公噶勒丹達什，輔國公諾爾布朋素克、車凌三旗祖。別有附察哈爾之和碩特，亦其裔也。鄂木布號車臣岱青，爲扎薩克台吉羅卜藏察罕、濟克濟扎布、達瑪璘色布騰、阿喇布坦四旗祖。達蘭泰爲扎薩克郡王額爾德尼額爾克托克托鼐、台吉車凌多爾濟二旗祖。巴延阿布該阿玉什號達賴烏巴什，爲扎薩克台吉扎布一旗祖。別有阿拉善厄魯特一旗，亦其裔也。伊勒都齊爲扎薩克親王察罕丹津、輔國公阿喇布坦扎木素、台吉察罕喇布坦三旗祖。多爾濟號達賴巴圖爾，爲扎薩克貝勒朋素克旺扎勒、達什車凌、台吉伊什多勒扎布三旗祖。瑚嚕木什號額爾德尼岱青，爲扎薩克貝子丹巴、台吉色布騰博碩克圖二旗祖。桑噶爾扎號伊勒登，爲扎薩克貝子索諾布達什一旗祖。袞布察琿無嗣。達什巴圖爾子羅卜藏丹津，叛逃準噶爾，後就擒，宥之，隸內蒙古正黃旗。顧實汗弟色稜哈坦巴圖爾，號扎薩克陀音，爲扎薩克台吉哈爾噶斯一旗祖。布延鄂特歡三傳至阿布，子二：長達瓦，次鄂爾奇達遜，隸準噶爾，號扈魯瑪台吉，後來歸。達瓦封公品級，尋卒。鄂爾奇達遜授伯爵，隸內蒙古正黃旗。

土爾扈特設扎薩克四，其始祖曰翁罕。七傳至貝果鄂爾勒克，爲扎薩克台吉索諾布喇布坦多爾濟、色特爾布木二旗祖。別有土爾扈特部十二旗，亦其裔也。貝果鄂爾勒克弟翁貴，爲扎薩克台吉達爾扎、丹忠二旗祖。

準噶爾設扎薩克二旗，始祖曰孛罕，六傳至額森。子二：長博羅納哈勒，爲杜爾伯特所自始，今駐牧烏蘭固木之杜爾伯特部十六旗，自輝特二旗外，皆其裔也。次額斯墨特達爾漢諸顏，爲準噶爾所自始，七傳至和多和沁，號巴圖爾琿台吉，駐牧阿爾台。子十一：曰車臣，爲其弟噶爾丹所殺；曰卓特巴巴圖爾，徙牧青海，爲扎薩克郡王色布騰扎勒一旗祖，色布騰扎勒再傳，嗣絕；曰班達哩，孫車木伯勒，襲色布騰扎勒所遺扎薩克；曰卓哩克圖和碩齊，爲扎薩克輔國公阿喇布坦一旗祖；曰溫春，子丹濟拉，以來歸，封扎薩克輔國公，附喀爾喀賽因諾顏部；曰僧格，子策妄阿喇布坦，號琿台吉，再傳，爲其本族達瓦齊所篡，嗣絕；曰噶爾丹，以掠喀爾喀，爲大軍所敗，竄死；曰布木，號額爾德尼台吉，其曾孫卽達瓦齊，大軍平其部，俘至京，尋釋之，封親王，不列藩部；曰多爾濟札布，爲喀爾喀土謝圖汗察琿多爾濟所戕；曰朋素克達什，孫噶勒藏多爾濟，以來歸，封綽囉斯汗，尋叛，爲從子扎納噶爾布所殺；曰噶爾瑪，三傳至三濟札布，以來歸，授侍衞，隸內蒙古正黃旗。

和多和沁弟曰墨爾根岱青，子二：長丹津，號噶爾瑪岱青和碩齊，孫阿喇布坦，以來歸，封扎薩克郡王，附喀爾喀賽因諾顏部；次阿海，三傳至達什達瓦，嗣絕，妻車臣哈屯攜衆來歸，編佐領，置直隸承德府境，不設扎薩克。

輝特設扎薩克一，其始祖曰納木占，再傳至卓哩克圖和碩齊，爲扎薩克輔國公貢格一旗祖。

厄魯特諸扎薩克外，設喀爾喀公中扎薩克一。別有察罕諾捫汗，授扎薩克喇嘛，轄四佐領，自爲一旗，不列諸扎薩克盟。

天聰初，蒙古諸部內附，厄魯特猶私與明市，上以遠，弗之禁。崇德二年，顧實汗遣使通貢，閱歲乃至。七年，偕達賴喇嘛等奉表貢。八年，遣使存問達賴喇嘛。以顧實汗擊敗唐古特藏巴汗，敕曰：「有敗道違法而行者，聞爾已懲治之。自古帝王致治，法教未嘗斷絕。今遣使敦禮高賢，爾其知之！」幷賜甲冑。使未至，顧實汗請發幣使延達賴喇嘛，允之。順治二年，顧實汗子達賴巴圖爾貢馬至，奏：「聞天使召聖僧，臣等自當遵奉。」三年，以厄魯特台吉等入甘肅境要糧賞，詔所司議剿撫。會顧實汗奉表貢，賜甲冑弓矢，命轄諸厄魯特。嗣間歲輒遣使至，厄魯特台吉等附名以達。

和碩特族曰都爾格齊諾顏，曰色稜哈坦巴圖爾，曰鄂齊爾汗，曰鄂齊爾圖汗，曰阿巴賴諾顏，曰達賴烏巴什諾顏，曰伊拉古克三班第達呼圖克圖，曰額爾德尼琿台吉，曰阿哩祿克三陀音，曰噶爾第巴台吉，曰瑪賴台吉，曰諾木齊台吉，曰綽克圖台吉。土爾扈特族曰羅卜藏諾顏，曰楚琥爾岱青，曰博第蘇克。準噶爾族曰巴圖爾琿台吉，曰墨爾根岱青，曰杜喇勒和碩齊，曰楚琥爾烏巴什，曰羅卜藏呼圖克圖。以顧實汗爲之首。

五年，甘肅巡撫王世功奏青海蒙古駐西寧，需索供應，請定貢使入關額，餘駐關外給口糧，許之。九年，顧實汗導達賴喇嘛入覲，先奉表聞，幷貢駝馬方物。十年，詔封遵文行義敏慧顧實汗，賜金册印。十三年，顧實汗卒。上念其忠勤修貢，遣官致祭。

會青海屬復爲邊患，諭顧實汗子車臣岱青及達賴巴圖爾等曰：「分疆別界，向有定例。邇來爾等率番衆掠內地，抗官兵，守臣奏報二十餘次，屢諭不悛。今特遣官赴甘肅、西寧等處勘狀。或爾等親至，或遣宰桑來質，誣妄之罪，各有攸歸。番衆等舊納貢蒙古者聽爾轄，儻係前明所屬，應仍歸中國。至漢人蒙古交界，與市易隘口，務宜詳加察覈，分定耕牧，毋得越境妄行。」十五年，復諭車臣岱青曰：「前因爾等頻犯內地，遣官往勘。據奏爾等入邊，向番取貢，輒肆攘奪。咎自難辭，朕悉宥爾前愆。但中外本無異視，疆圉自有大防。爾等向屬番取貢，酌定人數，路由正口，遣頭目禀告守臣，方准入邊。至市易定所，應從西寧鎮海堡、川北、洪水等口出入，毋得任意取道。如或不悛，國憲具在，朕不爾貸也。」

康熙四年，甘肅提督張勇奏蒙古番衆游牧莊浪諸境，情形叵測，請增甘肅、西寧駐防兵。先是青海蒙古戀西喇塔拉水草饒，乞駐牧。張勇以其地爲甘肅要隘，不容偪處，往責之，謝罪去。因設永固營，聯築八寨。至是蒙古等復相繼徙近邊。上以漸不可啓，詔如張勇請。五年，勇復奏：「青海雖通西藏，不過荒徼絕塞，朝廷曲示招徠，准開市，自應鈐束部落，各安邊境。乃邇來蠢屯祁連山，縱牧內地大草灘。曾遣諭徙，復抗拒定羌廟，官軍敗之，猶不悛，聲言糾衆分入河州、臨洮、鞏昌、西寧、涼州諸地。請設兵備。」詔嚴防禦，仍善撫以柔其心。勇等乃自扁都口、西水關至嘉峪關，固築邊牆。六年，川陝總督盧崇峻奏青海諸頭目偵於八月將入寇，因赴莊浪所備之，遣總兵孫思克屯南山隘，相形勢固守。達賴喇嘛尋檄厄魯特諸台吉毋擾內地，駐牧黃城兒、大草灘。蒙古悉徙去，獻駝馬羊等服罪，請撤駐防兵，允之。

十四年，西寧諸鎭兵屯河東勦叛賊王輔臣，青海蒙古乘隙犯河西。永固營副將陳達禦之，陣歿。孫思克屯涼州，宣示朝廷恩威，各引罪出塞。會達賴喇嘛使至，命傳諭達賴巴圖爾等戢部衆，勿爲邊患。

十六年，準噶爾台吉噶爾丹襲殺駐牧西套之鄂齊爾圖汗。青海和碩特諸台吉懼，挈廬幕數千避居大草灘，撫遠大將軍圖海等飭歸故巢。十七年，西套諸台吉偵噶爾丹將侵青海，遣使告和碩特台吉達賴巴圖爾等爲防禦計。上聞之，諭張勇曰：「噶爾丹侵青海，如遠從達布素圖瀚海而往，則聽之。若欲經大草灘，則令堅立信約，勿擾內地。」尋噶爾丹以從者異志，且距青海遠，行十一日撤兵歸。遣書張勇，詭稱其祖多克辛諸顏偕顧實汗取青海，和碩特族獨據之，欲往索，以將軍所轄地，故不果。既而懼和碩特諸台吉襲己，密遣使議婚，以女布木妻博碩克圖濟農子根特爾。張勇諜得狀，奏噶爾丹讐青海蒙古，議婚後，恐復往侵，甘肅當往來衝，請增防，上報可。有巴圖爾額爾克濟農和囉理者，巴延阿布該阿玉什子也，駐牧西套，以避噶爾丹侵，乞假內地赴青海，許之。會噶爾丹屬額爾德尼和碩齊潛掠烏喇特戶畜，青海墨爾根台吉聞之，遣使詰歸所掠。喀爾喀台吉畢瑪里吉哩諦亦以厄魯特掠所部，陰偵之，告額爾德尼和碩齊、和囉理及青海台吉茂濟喇克等。游牧額濟訥河，則未知其爲何厄魯特也。十八年，遣使諭達賴巴圖爾等曰：「爾墨爾根台吉將被盜劫掠人察護解送，朕甚嘉之。夫勸善懲惡者，國之法也。邇聞厄魯特衆棲處額濟訥河，爾達賴巴圖爾及墨爾根台吉，其照汝例，嚴加治罪。」使至，稱茂濟喇克、和囉理皆無掠烏喇特事。額爾德尼和碩齊爲準噶爾屬，已徙牧去。詔檄噶爾丹收補之，不從。

二十九年，大軍敗噶爾丹於烏蘭布通，青海諸台吉附達賴喇嘛表上尊號，詔不允。三十年，甘肅提督孫思克奏：「噶爾丹巢距邊月餘，從子策妄阿喇布坦雖交惡，恐復合，有侵青海舉，道必經嘉峪關外。肅州密邇青海，請設兵三千爲備。」上報可。三十二年，昭武將軍郎坦奏稱青海諸台吉私與噶爾丹通問，請屯兵哈密，絕往來蹤。上以噶爾丹自烏蘭布通敗遁後，乞邊警，且青海諸台吉素恭順，寢議。噶爾丹尋屯牧巴顏烏蘭，偪內汛，詔西寧設戍兵。唐古特部第巴陰比噶爾丹，詭爲達賴喇嘛奏稱青海諸台吉無異志，請撤戍。諭曰：「此爲征剿噶爾丹計，非防青海諸台吉也。」會議剿噶爾丹，詔檄青海衆勿驚懼。

三十五年，上親征噶爾丹，敗之，獲青海通噶爾丹使。以博碩克圖濟農及薩楚墨爾根台吉爲所部長，遣使齎敕諭曰：「爾青海厄魯特尊崇達賴喇嘛法教，敬事本朝，聘問貢獻，恭順有年，朕亦頻加恩賚。乃噶爾丹違達賴喇嘛法教，不遵朕旨，朕統軍至圖拉，剿而滅之。博碩克圖濟農等遣往噶爾丹使，爲朕所擒，俱言達賴喇嘛脫緇已久，第巴匿之，且噶爾丹詭言青海諸台吉謀與彼同犯中國。今噶爾丹亡命西走，青海諸台吉如欲仍前修睦，其各防守邊界，遇噶爾丹卽行擒解。若知而故縱，此後永讐絕之。」我使至察罕托羅海宣諭善巴陵堪布，蓋達賴喇嘛遣理青海蒙古務者也。善巴陵堪布召青海諸台吉集盟壇言曰：「噶爾丹殺鄂齊爾圖汗，我等與仇。但素奉達賴喇嘛言，應遣議。」時達賴喇嘛示寂久，唐古特達賴汗尋約和碩特八台吉遣使慶捷。達賴汗卽鄂齊爾圖汗子也，世長唐古特。鄂齊爾圖汗弟自衮布察琿無嗣外，餘八人皆居青海，故其裔稱和碩特八台吉。

三十六年二月，上視師寧夏，詔額駙阿喇布坦、都統都思噶爾、巴林台吉德木楚克、西寧喇嘛商南多爾濟等攜青海諸台吉使及賞物往招撫之。復以哈密達爾漢伯克額貝都拉內附，詔青海厄魯特勿擾哈密境。三月，阿喇布坦等至察罕托羅海，察罕諾捫汗迎告曰：「皇上令青海衆得享安樂，永受恩澤，何幸如之！」時顧實汗子惟達什巴圖爾存，阿喇布坦等宣諭之。達什巴圖爾議遣博碩克圖濟農及額爾德尼台吉代入覲。阿喇布坦等語曰：「皇上駕臨寧夏，爾當率衆往朝，毋自憫！」達什巴圖爾偕察罕諾捫汗、善巴陵堪布及唐古特達賴汗子拉藏等檄諸台吉議，欲四月起行。達爾寺垂臧呼圖克圖、溫都遜寺達賴綽爾濟喇嘛及囊素通事等咸請從，私向使問獅象狀，且相謂曰：「我等往朝，殆必以所未見文物相示。」閏三月，阿喇布坦、德木楚克自青海歸。議諸台吉至，若露處，未協朝典，應令秋後入覲京師。詔如議，命都思噶爾、商南多爾濟留駐鎭海堡俟之。扈蹕諸臣奏：「青海厄魯特與準噶爾同部，聞噶爾丹敗竄，咸驚懼。皇上定策安集所部，身至如歸，誠非常舉。請行慶賀禮。」諭曰：「青海職貢有年，來朝亦常事耳。可勿賀。」諸臣固請，因奉表賀曰：「青海向雖修貢，未隸臣屬。今舉部歸誠，噶爾丹益無竄路。皇上安內攘外之心，自此允愜矣。」四月，諭留糧騎及羊九千餘於達希圖海，俟青海衆至給之。十一月，達什巴圖爾偕諸台吉入覲，諭曰：「朕非威懾爾等前來，不過欲令天下生靈各得其所。朕何物不備，朕之尊不在爾等來否，所望爾等各遂安全，副朕好生至意耳。」詔所從諸宰桑咸列坐預宴，以御用冠服、朝珠賜達什巴圖爾，賞諸台吉鞍馬、銀幣有差。復傳諭曰：「爾等自祖父來，歲修職貢，故特優錫，以寵爾歸。」十二月，上大閱玉泉山，達什巴圖爾等扈駕往觀，戰慄失色，奏：「天朝兵威若此，何敵不克？」三十七年正月，詔封達什巴圖爾爲和碩親王，諸台吉授貝勒、貝子、公等爵有差。

先是噶爾丹詭與青海媾，實謀往侵，懼大軍討，乃寢。第巴以策妄阿喇布坦不附噶爾丹，陰間之，僞爲達賴喇嘛疏，奏策妄阿喇布坦將侵青海及唐古特，上斥其妄。會噶爾丹使至，諭曰：「青海諸台吉奉貢久，黨噶爾丹屬犯青海，朕必往討之。」至是噶爾丹就滅，策妄阿喇布坦憾達什巴圖爾等內附，詭請大軍征青海，討前助噶爾丹罪。諭曰：「青海諸台吉聞朕出師寧夏，遠徙游牧。嗣噶爾丹平定，親來稱慶。伊等並無過端，豈肯遽爲加兵？朕統馭天下，惟願宇內羣生咸獲安堵，豈有使爾等搆釁之理？」二月，上幸五臺山，詔達什巴圖爾等從。將旋蹕，召覲行幄，溫諭遣歸，給駝馬。三十九年，策妄阿喇布坦聲言兵擊第巴，遣使赴青海陰覘强弱。上以策妄阿喇布坦將不靖，詔廷臣留意漢趙充國所議五事，爲防禦計。四十二年，上幸西安府，達什巴圖爾等來朝，扈駕閱駐防兵，奏：「禁卒精練，天下無敵。外省軍容復如是。億萬年可永享昇平。」賜宴遣歸。

五十四年，策妄阿喇布坦遣兵掠哈密。上以鄰青海左翼牧，詔兵備之，準噶爾敗遁。初，達賴汗子拉藏偕青海諸台吉定議內附，尋襲唐古特汗，以第巴私立僞達賴喇嘛，襲殺之，而自立博克達之伊什扎穆蘇爲達賴喇嘛瑚畢勒罕。青海貝勒察罕丹津等訐其僞，奏裏塘之羅卜藏噶勒藏嘉穆錯爲眞達賴喇嘛瑚畢勒罕，詔內閣學士拉都琥往驗。尋遣侍衞阿齊圖召青海兩翼議徙裏塘達賴喇嘛瑚畢勒罕以弭爭端。貝勒色布騰扎勒、阿喇布坦鄂木布、朋素克旺扎勒，台吉達顏、蘇爾扎等僉請從。察罕丹津不從，將偕達什巴圖爾子羅卜藏丹津盟，率兵攻異己者。阿齊圖疏至，王大臣等奏察罕丹津若先攻諸部，色布騰扎勒等來奔，應置邊內。察罕丹津牧距松潘僅四五日程，請備兵待。詔西寧、四川松潘諸路設兵備之。

五十五年，察罕丹津畏罪，徙裏塘達賴喇嘛瑚畢勒罕至西寧宗喀巴寺。阿齊圖奏請集諸台吉定盟，以羅卜藏丹津、察罕丹津、達顏等領右翼，額爾德尼額爾克托克托鼐、阿喇布坦鄂木布等領左翼，令永睦，允之。會噶爾丹由沙拉襲青海，掠台吉羅布藏丹濟卜等牧畜，復謀盜噶斯口官軍駝馬。諭曰：「準噶爾偵噶斯口兵勢稍弱，潛來侵擾青海，不可不嚴籌之。著西安兵會青海左翼，四川督標兵會青海右翼，協力防禦。」

五十六年，遣使赴青海測分野。未幾，靖逆將軍富寧安諜策妄阿喇布坦遣兵赴唐古特，馳疏聞。上以裏塘達賴喇嘛瑚畢勒罕事初定，拉藏汗或陰導準噶爾侵青海，詔理藩院尚書赫壽諭拉藏汗勿得與察罕丹津、羅卜藏丹津等搆兵。復諭遣侍衞色楞等赴青海，曰：「準噶爾若侵拉藏汗，爾卽與青海諸台吉等定議協剿，務令絕無猜忌，不至滋變方善。或拉藏汗導準噶爾侵青海，爾卽諭察罕丹津等曰：『策妄阿喇布坦屢抗大軍，今拉藏汗與同謀，是顯爲讎敵也。國家始終仁愛，保護顧實汗子孫，爾等正當奮志報効而行。』」尋察罕丹津等以準噶爾侵拉藏汗告，諭內大臣策旺諾爾布、西安將軍額倫特等分屯青海要地。

五十七年，拉藏汗乞援疏至，詔色楞等會青海王、台吉議進兵。察罕丹津諜拉藏汗被戕，謀誘準噶爾至青海迎擊之。準噶爾懼，不至。先是哈密伯克額貝都拉獻西吉木、達里圖、西喇郭勒地，詔設赤金、靖逆二衞及柳溝所，聽兵民耕牧。五十八年，以其地錯青海左翼牧，遣官偕貝子阿喇布坦、台吉阿爾薩蘭等勘定界。阿喇布坦等曰：「青海衆荷厚恩，何惜隙地？可耕者聽給兵民，留我等牧地足矣！」因集所屬宰桑等畫地標識，議勿私越。時撫遠大將軍固山貝子允禵統兵駐西寧，請自索諾木至柴達木路設站五，站置青海兵十，別令左、右翼兵各三百屯近軍地，防準噶爾賊，從之。允禵復遵旨集兩翼王、台吉，以上意宣諭曰：「唐古特部達賴喇嘛、班禪喇嘛法教，原係爾祖顧實汗所設。今準噶爾戕拉藏汗，離散番衆。爾等前稱裏塘羅卜藏噶勒藏嘉穆錯爲眞達賴喇嘛，瑚畢勒罕，願置禪榻，廣施法教，今唐古特民人及阿木島喇嘛如爾言。皇上爲安藏計，遣大兵送往唐古特，爾等宜率所屬兵或萬或五六千從往，其定議具奏。」兩翼王、台吉等僉稱願聽命。五十九年，所部兵從大軍敗準噶爾於札卜克河、齊諾郭勒、綽瑪喇等處，因護達賴喇嘛入藏。捷聞，詔留兵二千屯青海偵防準噶爾。

雍正元年，諭曰：「自西陲用兵，青海王以下、台吉以上各著勞績。皇考曾降旨俟凱旋日計功，今青海王、台吉等歷年効績，應各酌加封賞。其率兵進藏，至駐防噶斯、柴達木等衆，應令各處將軍分別加賞。」是年羅卜藏丹津叛，命大軍往討，越歲而定。羅卜藏丹津初襲其父達什巴圖爾親王爵，從大軍入藏，歸，覬爲唐古特長，陰約策妄阿喇布坦援己，復誘青海台吉等盟察罕托羅海，令如所部故號，不得復稱王、貝勒、貝子、公等爵，而自號達賴琿台吉以統之。郡王額爾德尼額爾克托克托鼐不從，偕鎮國公噶爾丹達什來奔。上以和碩特族自相殘，不忍遽加兵，詔撫遠大將軍貝子延信善慰額爾德尼額爾克托克托鼐。時兵部左侍郎常壽駐西寧理青海務，命傳諭羅卜藏丹津罷兵，不從則懲治之。羅卜藏丹津詭言親王察罕丹津、郡王額爾德尼額爾克托克托鼐謀據唐古特，諸台吉不服，將率兵與決勝負。蓋以察罕丹津、額爾德尼額爾克托克托鼐首不附己，欲誣以罪，因脅諸台吉奉己，如鄂齊爾汗駐唐古特以遙制青海也。

察罕丹津爲羅卜藏丹津所偪，繼額爾德尼額爾克托克托鼐挈衆至。敕川陝總督年羹堯曰：「羅卜藏丹津自其祖顧實汗敬謹恭順，達什巴圖爾慕化來歸，晉封親王，復令其子羅卜藏丹津襲封，自宜仰體寵眷，敬奉法紀。乃妄逞强梁，骨肉相仇，欺凌親王察汗丹津、郡王額爾德尼額爾克托克托鼐等，恣行倡亂。朕甫聞其事，遣使往諭，令伊講和修睦，式好無尤。乃肆意稱兵，侵襲察罕丹津、額爾德尼額爾克托克托鼐，以致投入內境。是其深負朕恩，悖逆天常，擾害生靈，誅戮不可少緩。朕欲大張天威，特命爾爲撫遠大將軍，統領大兵，往聲羅卜藏丹津罪。如敢抗拒，卽行剿滅。其黨有懼羅卜藏丹津勢，暫爲脅從者，果悔罪來歸，卽行寬宥。有能擒斬羅卜藏丹津者，分別具奏。有情急來歸者，加意撫恤。其不抗拒者，毋加殺戮。」羅卜藏丹津詭罷兵，誘常壽至察罕托羅海，留之，遣叛黨分掠西寧諸路，煽賊番等爲應。副將軍阿喇納自吐魯番馳赴噶斯，斷由穆魯烏蘇往藏路；副將王嵩、參將孫繼宗等擊賊黨於布隆吉爾及鎭海堡、申中堡、北川、新城等處。四川提督岳鍾琪以雜谷土司等兵剿歸德堡外上寺東策卜、下寺東策卜及南川口外郭密諸番，復檄前鋒統領蘇丹等協剿，所至告捷。羅卜藏丹津懼，送常壽歸，請罪。諭年羹堯曰：「伊乃深負國恩、與大軍對敵之叛賊，國法斷不可宥。不得因伊曾封王爵，稍存疑慮。其與羅卜藏丹津同謀之王、貝勒、貝子、公等，旣經背叛，卽宜削爵。伊等或來歸順，或被擒獲，不必更論封爵，但視行事輕重，可寬宥者從寬，應治罪者治罪。」

二年，詔以岳鍾琪爲奮威將軍，參贊軍務。鍾琪奉命進剿，偵從賊之巴爾珠爾阿喇布坦自烏蘭博爾克遁，尾擊之，至伊克喀爾吉，擒其黨阿喇布坦鄂木布。遣西寧總兵黃喜林由西爾哈羅色赴柴達木，斷噶斯路。偵羅卜藏丹津走烏蘭木和爾，鍾琪復分兵馳擊，擒其母阿爾泰，俘戶畜無算。羅卜藏丹津偕賊黨分道竄。侍衞達鼐等擒丹津琿台吉於華海子，阿布濟車臣台吉於布哈色布蘇，吹喇克諾木齊、扎什敦多卜等於烏拉克，羅卜藏丹津走準噶爾。逆黨悉檻送京師，詔行獻俘禮。

是役也，以兵拒羅卜藏丹津者，親王察汗丹津、郡王額爾德尼額爾克托克托鼐也。不從羅卜藏丹津逆者，郡王色布騰扎勒，台吉阿喇布坦、噶勒丹岱青諾爾布、巴勒珠爾、察罕喇布坦、旺舒克喇布坦也。爲羅卜藏丹津脅從者，貝勒朋素克旺扎勒、輔國公車凌、台吉諾爾布也。始附羅卜藏丹津、尋以悔罪宥者，貝勒羅卜藏察罕、車凌敦多布，貝子濟克濟扎布、拉扎布，台吉衮布、色布騰、納罕伊什也。其附羅卜藏丹津者，首惡曰吹喇克諾木齊、阿喇布坦鄂木布、藏巴扎木，從黨曰巴勒珠爾阿喇布坦、扎什敦多布、格勒克阿喇布坦、巴蘇泰及察罕丹津從子塔爾寺喇嘛堪布諾們汗也。有中甸者，隸雲南麗江府，羅卜藏丹津給僞劄令附己。大軍至，率戶三千餘請降。洮、岷界外諸番舊爲青海屬，悉就撫，其不順者剿誅之。阿岡、多卜藏瑪嘉、鐵布納珠公寺、朝天堂、卓子山、碁子山、先密寺、興馬寺、阿羅、西脫巴、上篤爾素華藏、上扎爾的諸番衆以次底定，青海患始靖。御製平定青海文，立石太學。

王大臣等遵旨議善後事宜，奏青海王、台吉等應論功罪定賞罰，游牧地令各分界，如內扎薩克例。百戶置佐領一，不及百戶者爲半佐領，以扎薩克領之。設協理台吉及協領、副協領、參領各一，每參領設佐領、驍騎校各一。歲會盟，令奏選盟長，勿私推。貢期自明年始分三班，九年一周，自備駝馬，由邊入京。市易以四仲月集西寧西川邊外納喇薩喇地，官兵督視，有擅入邊牆者治罪。又羅卜藏丹津之吹宰桑及察罕丹津從子丹衷之宰桑色布騰達什等率衆降，請各授千、百戶等官。又喀爾喀居青海者，勿復隸和碩特旗，令別設扎薩克，土爾扈特及準噶爾、輝特如之。至西番部衆，凡陝西所屬甘州、涼州、莊浪、西寧、河州，四川所屬松潘、打箭鑪、裏塘，雲南所屬中甸等處，或爲喇嘛耕地，或納租青海，但知有蒙古，不知有廳衛營伍諸官。今番衆悉歸化，應擇給土司千百戶、巡檢等職，令附近道廳及衛所轄。又青海及巴爾喀木、藏、衛舊稱唐古特四大部，顧實汗侵據之。以青海地廣可牧畜，巴爾喀木糧富，令子孫游牧青海，而巴爾喀木納其賦。藏、衛二地，舊給達賴喇嘛、班禪喇嘛，今以青海叛，取其地，應令四川、雲南諸官管理。又達賴喇嘛遣人赴市打箭鑪，馱裝經察木多、乍雅、裏塘、巴塘，向喇嘛等索銀有差，名曰鞍租，至打箭鑪納稅。請飭達賴喇嘛勿收鞍租，打箭鑪免取稅，歲給達賴喇嘛茶五千斤，班禪喇嘛半之。又西寧各寺喇嘛多者數千，少者以五六百，易藏奸，前羅卜藏丹津叛，喇嘛率番衆抗大兵。請於塔爾寺喇嘛選老成者三百給印照，嗣後歲察二次，廟舍不得過二百，喇嘛多者百餘，少者十餘。番民糧賦，令地方官管理，度各寺歲用給之。又陝西邊外河州、西寧、蘭州、中衛、寧夏、楡林、莊浪、甘州等處，水草豐美，林麓茂密，蒙古諸部戀牧大草灘及昌寧湖。請於西寧北川邊外上下白塔等處，自巴爾托海至扁都口築城堡，令蒙古等勿妄據。又肅州西洮賚河、常瑪爾、鄂敦塔拉等處，應募民墾膏腴地，庶漸致富饒。至寧夏險要，無過阿拉善。顧實汗裔舊游牧山後，今或徙至山前。請令阿拉善扎薩克郡王額駙阿寶飭所屬歸阿拉善山後，其山前營盤水、長流水等處，悉爲內地。又甘州、西寧界各設營汛，令蒙古等不敢覬覦。又巴爾喀木等部衆，自魯隆宗東察木多、乍雅外，諸番目悉給印照，視內地土司例。又青海屬左格諸番，請徙內地。阿巴土司頭目墨丹桂等從剿有功，請給安撫司銜，不隸青海轄。又西寧邊內可耕地，請發直隸、山西、山東、河南、陝西五省遣犯，能種地者，官給牛具籽種，三年後起科如例。又甘州喀黃番，應招撫爲青海藩籬。青海諸部，令各守牧地，不得强據，妄掠商賈。察汗諾捫汗喇嘛廟毋得私聚議事。遣官齎敕往，不論秩崇卑，王公以下跪迎，有背貳者必懲。上從其議。

三年，詔以博羅充克克地給阿拉善郡王阿寶居之，鈐青海族屬，越七載始撤歸。是年，青海和碩特、土爾扈特、準噶爾、輝特、喀爾喀及察罕諾捫汗各授扎薩克，鑄「總理青海蒙古番子事務」關防，遣大臣齎鎭其地，轄所部扎薩克。岳鍾琪復奏：「親王察罕丹津、鎭國公拉扎布等游牧河東，地近河州、松潘各路。前議市納喇薩喇地，地狹，恐不給蒙古需。請改市河州及松潘。河州定於土門關附近雙城堡，松潘定於黃勝關之西河口，二地幷有城屋，水草美，互市可久。又郡王額爾德尼額爾克托克托鼐、色布騰扎勒等游牧河西，地近西寧，請改市西寧口外丹噶爾寺。至蒙古歲資牲畜，請每年六月後聽不時當易，庶蒙古商衆獲利益。」允之。

六年，唐古特部噶卜倫阿爾布巴、隆布鼐、扎爾鼐等叛，擾唐古特，謀通準噶爾，大軍誅之。七年，上以準噶爾不靖，必擾青海及唐古特，因決策進討。王大臣等議噶斯爲準噶爾通青海及唐古特要隘，請選青海扎薩克兵千五百分屯噶斯及柴達木、得卜特爾、察罕烏蘇諸路，允之。會噶爾丹策凌遣使告將獻羅卜藏丹津，聞大軍就道，懼，仍攜歸。八年，詔暫緩進兵，諭噶爾丹策凌速獻羅卜藏丹津，當宥罪。復命青海扎薩克備兵游牧聽調。準噶爾尋襲科舍圖汛，諭青海兵速赴噶斯，準噶爾遁。

九年，遣二等侍衞殷扎納傳諭左右翼扎薩克選兵萬屯青海適中地，官兵皆賞裝。復命所部採買牲畜，勿滋擾。扎薩克公諾爾布、拉扎布等尋徙牧，叛。詔曰：「朕因準噶爾賊乘西路軍不備，盜駝馬，因念青海各扎薩克人衆恐招逆賊侵害，諭令派兵防護。其採買馬羊者，原欲使伊等所有牧畜得變價值，可獲利益，並非需此區區助也。朕曾諭殷扎納，一切派兵採買，聽蒙古便，不可絲毫勉强。並慮王、台吉等科派所屬，諭令嚴行禁約，豈肯令遣往人逼迫蒙古從事乎？今拉扎布等無故他徙，或殷扎納不能宣揚朕諭，使衆心共曉，而採買馬羊又不聽從其便，以致拉扎布等心懷疑畏，漸避差徭。特頒旨諭拉扎布等，令其速歸本處，準噶爾賊或由喀喇沙爾前赴噶斯，潛行騷擾，或增人衆窺伺青海。所部蒙古兵丁尙未齊集，器械亦未周備，難望捍禦賊鋒，亦令官兵善爲保護。」會拉扎布等不奉命，諸扎薩克擒獻。復集兵七千爲備，軍械及馬不給。上憫之，諭廷臣曰：「朕所以聚此兵者，特爲保全伊等家口及游牧計，非爲征伐調遣用也。今聞其生計情形，朕心深爲惻然。俟從容料理，必有加恩之處。所聚七千，著選派三千，照前所降恩旨，官員賞給本年俸銀，兵丁賞銀五兩。戍卒駐防日久，貲斧維艱，著給茶幣等項，及每月所食青稞。遣歸兵四千名，官員等著給三月俸銀，兵丁等著賞銀三兩，令各回游牧。準噶爾賊或潛擾青海，朕意欲將伊等預行從容遷徙，令賊由遠路來一無所得，不待戰而力盡。我官兵與賊交戰時，青海三千兵但追襲賊後，量力驅賊馬匹，所得卽賞之，仍計馬匹多寡，加恩議敍。」

十年，以喀爾喀敗準噶爾於克爾森齊老及額爾德尼昭，諭青海扎薩克等曰：「喀爾喀奮勇剿賊，爾等何獨不能？各宜鼓舞振興，踴躍効命。賊衆侵擾青海，止有噶斯一路，爾等須防守隘口，儻準噶爾前來，務期協力追殺，悉行剿除。」十三年，詔撤駐防大軍，所部仍選兵二千屯得卜特爾、伊克柴達木等汛，以台吉達瑪璘色布騰、色特爾布木領之。

乾隆十一年，辦理青海事務副都統衆佛保遵旨宣諭諸扎薩克歲防汛，議以郡王額爾德尼額爾克托克托鼐之長子索諾木丹津及扎薩克台吉袞布喇布坦、色特爾布木、多爾濟色布騰、薩喇等防得卜特爾汛，以郡王袞楚克達什、車凌喇布坦，貝子丹巴，輔國公納木扎勒車凌，扎薩克台吉達瑪璘色布騰等防伊克柴達木汛。十人分爲五班，三年一察軍械。十二年，以準噶爾使赴藏煎茶，道噶斯，復議自伊克柴達木、得卜特爾外，設汛哈濟爾、察汗烏蘇。

二十年，大軍征達瓦齊，抵伊犂，羅卜藏丹津就擒。諭曰：「羅卜藏丹津負恩背叛，逃往準噶爾，偷生三十餘載。今兩路大軍至，伊無路奔竄，仍就擒獲，實足以彰國憲而快人心。」羅卜藏丹津俘至，告祭太廟社稷，行獻俘禮，上御午門樓受之。以世宗憲皇帝有羅卜藏丹津至仍宥罪之旨，詔免死。子巴朗及察罕額布根授藍翎侍衞，其戚屬處伊犂者，詔勿內徙。

二十三年，大軍勦瑪哈沁，偵沙拉斯瑪呼斯賊竄呼爾塔克羅卜諾爾。以地近噶斯，通青海，詔副都統濟福赴西寧宣諭所部集兵千爲備，復遣識噶斯道者偵賊蹤。既而所部兵集扎噶蘇臺，詔歸牧聽調，勿遽就道。濟福遵旨諭之，請遣近牧者歸，仍量留遠道兵屯烏圖，備不虞。上鑒其誠，詔酌賞遣歸兵。久之，噶斯無賊蹤，乃撤烏圖兵還。二十四年，陝甘總督楊應琚奏：「青海得卜特爾、伊克柴達木等處設汛屯兵，爲防準噶爾計。今準噶爾及回部悉底定，請撤青海駐防兵。」從之。先是阿睦爾撒納叛，大軍分道進勦，所部購馬二千、駝四百，送巴里坤軍。詔予值，斃者半。至是復輸馬七百餘、駝三百二十餘，請償斃數，詔仍如值給。

二十七年，以所部翁扎薩克請給羅卜藏丹津舊牧地，楊應琚遵旨往勘，奏：「洮賚河等處係西寧、肅州鎮標馬廠及番族牧地，不便撥給。西喇郭勒及西爾噶拉金東西五百餘里，南北三十餘里，地曠，且距扎薩克等游牧近，請給。其西爾噶拉金踰河即產礦山場，久封禁，請飭扎薩克等就近守視。」詔以西喇郭勒給之，西爾噶拉金河東聽駐牧，河西鉛礦，勿得越界私採。是年復設西寧辦事大臣，轄蒙古、番子事務。

所部扎薩克，自察罕諾們汗外，旗二十有九。爵三十：扎薩克多羅郡王三，一由親王降襲，一由貝勒晉襲；扎薩克多羅貝勒二，一由郡王降襲；扎薩克固山貝子二，一由輔國公晉襲；扎薩克輔國公四，一由鎮國公降襲；扎薩克一等台吉十六，一由貝勒降襲，二由貝子降襲，一由輔國公降襲；附固山貝子一；公中扎薩克一等台吉二。

二十九年十一月，命青海各扎薩克每年輪派兵丁設卡防果洛克。三十年九月，以果洛克肆行劫殺，諭青海各扎薩克協力剿之。三十一年六月，青海王、貝子、扎薩克等請留辦事大臣七十五，不許。七月，諭四川禁果洛克土司番人越境掠竊青海蒙古牲畜。九月，移青海附近果洛克之各扎薩克駐牧地方，添設卡兵。十月，以青海扎薩克羅布藏色布騰等游牧為果洛克番賊劫掠，革之。四十年九月，青海扎薩克公禮塔爾以出獵被番賊戕害，諭青海辦事大臣福德查辦。

五十一年九月，禁青海喇嘛不領路引私自赴藏。分青海納罕達爾濟等三旗兵，羅卜藏丹津、袞楚克二旗兵駐奎屯、西哩克等處，設果洛克防卡。五十六年九月，以青海郡王納漢達爾濟屬人勾引番子戕扎薩克沙喇布提，嚴飭之，並諭各於境內游牧，勿容匿番族。十二月，以大軍進藏征廓爾喀，予親往巡查青海新設台站之貝子羅布藏色布騰貝勒銜、鎮國公達瑪林貝子銜，仍賚預備駝馬之王、公、扎薩克等有差。五十八年，循化等處番族佔居蒙古地界，命辦事大臣特克愼以兵驅逐之。

嘉慶四年九月，青海郡王那罕多爾濟等呈番子搶擄六千餘戶，傷害男女二千餘人。詔責辦事大臣奎舒諱匿，革逮，以台斐蔭代之，命廣厚赴西寧查辦。十月，以松筠奏命青海蒙古王公撫綏所屬，毋致勾引番子搶劫。五年六月，青海貝勒克莫特伊什等番子交出牲畜較少，諭台斐蔭下部嚴議。九月，台斐蔭以不准青海蒙古報被番子搶劫免，以台布爲西寧辦事大臣。六年十月，以勘定青海卡倫，禁蒙古擅出，番子擅入。十二月，台布奏循化番子渡河搶劫。諭飭撥兵防護。

七年二月，台布令西寧鎭總兵保青署河州鎭總兵，福寧阿撥兵駐守黃河冰橋，防護蒙旗果爾的等，番族均斂迹。諭台布責成蒙古設法自衞。八月，台布奏番子格爾吉族縛獻犯事賊番，撤坐卡官兵。四月，以循化、貴德番子擾青海蒙古各旗，劫執貝子齊默特丹巴，諭辦事大臣都爾嘉嚴行查治。五月，諭都爾嘉撫恤青海被擾蒙古，命貢楚克扎布會同都爾嘉查辦番案。六月，都爾嘉奏捕獲劫殺青海貝子夫人兇番齊克他勒，誅之。命陝甘總督惠齡赴西寧查辦野番，撫恤青海被擾蒙古，每口加給官茶一分。七月，命惠寧等妥酌防番卡倫章程。貢楚克扎布等渡河驅逐野番。八月，貢楚克扎布奏野番退出占住蒙古地方，移回番境。命曉諭番目尖木贊交還贓畜，縛獻賊目，並飭定善後章程。九年九月，辦事大臣玉寧復以青海蒙古被番子搶劫之案甚多入告。

十年六月，以青海郡王納罕多爾濟呈蒙古窮困，諭玉寧遇水旱之災，酌量賑濟。七月，諭玉寧飭郡王納罕多爾濟等勿令商人私挖木植、大黃。九月，玉寧奏青海番子尖木贊等占據諸們汗等旗。命貢楚克扎布赴西寧會同驅逐之。十一年二月，辦事大臣貢楚克扎布奏：「貴德、循化番子頭目帶至闇門內，與寧西鎮總兵九十、西寧道慶炆傳見曉諭，番目尖木贊、策合洛等請每年各出羊隻，租住蒙古空閒地方，今年三四月間，劃定界限，設立鄂博，每年春季，再添會哨一次。」六月，貢楚克扎布奏番帳驅逐淨盡，請以青海尙那克空地安插野番，允之。二十二年十月，以青海扎薩克台吉恩凱巴雅爾捕獲劫奪蒙古果洛克番賊，予花翎。二十四年十二月，護陝甘總督朱勳奏邊外番目縛獻番賊，交出原搶蒙古人口牲畜，予番目尖木贊四品頂戴。

道光二年正月，以朱勳奏河北插帳之循化等處九族野番及鹽池一帶挖鹽番戶抗不回巢，又蘊依、雙勿兩族，勾結循化、貴德及四川野番，盤踞原爲貝勒特里巴勒珠爾六旗游牧之克勒蓋、克克烏蘇地方，搶掠蒙旗，請增卡防官兵，允之。命長齡回陝甘總督，會松廷相機辦理，設法驅逐。三月，長齡奏調官兵八千餘名，分途並進，迫令遷移。五月，長齡以剿捕蘊依等二十三族野番全數肅清奏聞。諭飭妥籌善後事宜，並曉諭蒙古王公等勉思振勵，自相保衞。六月，長齡以貝勒特里巴勒等移居青海已久，憚回原牧，請以克勒蓋一帶令察罕諾們汗移居，克克烏蘇一帶令阿里克阿百戶住牧，停向年會哨之兵，免究治諸們汗失察屬下勾結野番搶掠之咎，允之。尋野番復出劫掠貝子喇特納希第游牧。八月，長齡以野番一千數百人過河殺掠聞。命那彥成馳往查辦，署陝甘總督，責長齡辦理不善，撤雙眼花翎。十月，那彥成奏酌設卡隘，嚴捕漢奸。並謂：「野番冥頑成性，蒙古虐其屬下，反投野番謀生，導引搶掠其主。內地歇家奸販，潛住貿易，無事則教引野番漸擾邊境，有兵則潛過報信。近年番勢日張，弊實在此。」十一月，增設西寧鎮鎮海協副將、都司、守備各一，大通營游擊一，哈拉庫圖爾營都司一，哈瑪爾托亥營都司一，雙俄卜營守備一，千、把以下弁兵有差。以那彥成請，以保衞蒙旗，防禦番賊。十二月，那彥成奏：「察罕諾們汗所部夥同野番，勾結漢奸，作賊已久。此次將糧茶斷絕，立見窮蹙，願歸河南游牧，現押令過河。」上以「不勞力、不延歲月、辦理認眞」嘉之。定清釐河南、循化、貴德番族，安插河北番族及易換糧茶章程，設千戶、百戶、百總、十總管束之，封閉野牛溝、八寶山等處偸挖金砂窯洞。

三年，賚青海被擾郡王車凌敦多布等二十四旗青稞三萬石。十月，允理藩院議覆那彥成奏，分青海河北二十四旗爲左、右翼，每翼設正副盟長各一，每六旗設扎齊克齊一，每三旗設梅楞一，每旗設扎蘭一，承辦巡防事件。每旗出二十五人，以五人爲一班，每季更換，隨同官兵巡防。十八年，玉樹熟番內雍希葉布、蒙古爾津尼、牙木錯、卡愛爾四族，以避果洛克番刦掠，奔赴青海，右翼盟長郡王恭木楚克集克默特願讓游牧內空閒地段住牧。西寧辦事大臣蘇勒芳阿派員勘明其地，東至和達素溝，西至奎田口，北至烏蘭麥爾河沿，南至哈利蓋邊界，于四至高阜處設立鄂博，分定界址。雍希葉布等四族計人戶二百有九，男婦大小一千一百有八十名口。議立交納馬貢易換糧茶各章程，盟長等鎭百戶番目謁見蘇勒芳阿，議定應行事宜，額外苛派。九月，奏入，得旨依議。十二月，青海兩翼正副盟長郡王車凌敦多布等呈蘇勒芳阿：「河南察罕諾們汗一旗被各番賊刦掠，人戶失散，現僅存三百餘戶，日不聊生，不及原來人戶四分之一。請將該旗照舊移過河北，與察罕洛亥駐防官兵協同把守渡口，實與蒙古有益。」蘇勒芳阿奏：「卽飭貴德文武將該旗安分守法之人移過河北，交車凌敦多布代爲管理。仍飭留心稽查，如有滋事作賊之人，不準混淆移過，以昭愼重。」從之。

二十二年，果洛克番賊竄青海，掠蒙古及番族。盟長郡王恭木楚克集克默特率兵勦捕，俘番賊多名，得所掠牲畜，賚緞疋奬之。二十三年七月，以陝甘總督富呢揚阿等奏河北近邊及河南番族畏法，酌撤各路官兵，予出力左翼盟長郡王貝子索諾木雅爾吉奬，分給在事蒙、番牛羊一萬四千六百有奇。二十四年三月，錄斬擒偸渡河北番賊功，予左翼副盟長貝勒羅布藏濟木巴雙眼花翎。五月，番族喀布藏與蒙古挾仇報復，蒙兵敗之。六月，富呢揚阿奏派防兵並蒙古、番兵，按季于出巡前赴青海南適中之貢額爾蓋地方會哨。是年，僑居郡王恭木楚克集克默特旗之雍希葉布等四番族仍回原牧。六平番賊復出刦掠，命甘肅提督胡超赴永固勦之，飭西寧辦事大臣德興駐丹噶爾。六月，陝甘總督布彥泰等奏勦黑錯寺，番族竄遁，酌量撤兵。

咸豐二年，以陝甘總督舒興阿奏，飭暫駐永安城之蒙古郡王等回牧，裁察罕洛亥等處蒙古兵一半。四年，陝甘總督易棠奏于野牛溝三處招募獵戶各一千名開採金砂，堵禦番匪。同治三年，飭山西籌解青海蒙古王公等歲俸。以青海勦賊出力，予扎薩克王烏爾琿扎布等奬敍。

光緒元年九月，西寧辦事大臣豫師奏捕獲柴達木搶殺番目之蒙古人犯。諭兗扎薩克達什多布吉議處，仍飭認眞約束。四年十一月，予青海歷年剿匪出力之副盟長貝勒拉旺多布吉等獎。

二十三年二月，甘肅回匪劉四伏等率潰賊數萬人由南山水峽口竄青海格德地方，貝子納木希哩率蒙兵，右翼副盟長貝勒拉旺多布吉、貝子吹木丕勒爾布、察罕諾們汗旗及剛咱族總千戶均派兵會合堵剿。納木希哩等陣亡，尋贈納木希哩郡王銜，卹之。是月十四、十五等日，匪竄左翼郡王鞥克濟爾噶勒游牧都藍果立地方，鞥克濟爾噶勒派兵進擊，匪遂竄柴達木，勢張甚。陝西巡撫魏光燾派道員嚴金清率馬隊由水峽口尾追，甘肅提督董福祥派馬隊從丹噶爾日月山出口，會兵海南一帶，齊至都藍果力地方前進。劉四伏等竄踞遐力哈淨並腮什唐等地，負嵎死拒。柴達木住牧之左翼盟長貝子恭布車布坦、貝勒車琳端多布、台吉索木端多布等親率蒙兵迎擊。時口外盛雪嚴寒，回匪無所得食，飢凍斃者大半。劉四伏等見勢不支，遂向西分竄安西、敦煌各境。陝甘總督陶模派道員潘效蘇分兵由扁都口進戰，西寧辦事大臣奎順飭大通住牧之右翼正盟長郡王棍布拉布坦、公齊克什扎布、台吉丹把、台吉齊莫特林增，阿里克族百戶格拉哈官布等親督蒙、番兵丁，會合官軍，分途兜剿。公齊克什扎布手帶鎗傷，裹創力戰。劉四伏率匪西遁，餘賊降，於貝子恭布車布坦旗安插管束，青海肅清。陶模請獎奏入，于郡王鞥克濟爾噶勒等獎有差。陶模等於丹噶爾廳設局，以銀布糧茶賑被難各旗。

宣統二年四月，郡王巴勒珠爾拉布坦爲資政院欽選議員。三年四月，青海左翼正盟長扎薩克貝勒車林端多布卒，廣怨奏以本翼郡王鞥克濟爾噶勒暫代之。

其地有鑛，有鹽，林木亦富。佐領共一百有三。